Le Comte de Monte-Cristo

Adaptation et activités de **Jérôme Lechevalier**
Illustrations de **Fausto Bianchi**

Écoute l'audio sur ton smartphone

1 Télécharge l'App **DeALink**

2 Utilise l'App pour scannériser la page

3 Écoute l'audio

Secrétariat d'édition : Chiara Versino
Rédaction : Lucia Bisoglio
Conception graphique : Sara Fabbri, Erika Barabino
Mise en page : Annalisa Possenti
Recherche iconographique : Alice Graziotin

Direction artistique : Nadia Maestri

The design, production and distribution of educational materials for the CIDEB brand are managed in compliance with the rules of Quality Management System which fulfils the requirements of the standard ISO 9001 (Rina Cert. No. 24298/02/S - IQNet Reg. No. IT-80096)

© 2018 Cideb
Première édition : Février 2018

Dans cette période de transition, l'éditeur a décidé de respecter l'orthographe traditionnelle.

Crédits photographiques :
Shutterstock; iStockphoto; De Agostini Picture Library: 4, 5, 6, 51(2), 98(6); MONDADORI PORTFOLIO/RUE DES ARCHIVES/RDA: 64, 154; MONDADORI PORTFOLIO/ RUE DES ARCHIVES/Collection CSFF: 65; Collection Christophel/© Paramount Picture/MONDADORI PORTFOLIO: 66; MONDADORI PORTFOLIO/AKG Images: 126; Realy Easy Star/Massimo Piacentino/Alamy Stock Photo: 151; WebPhoto: 153; Keystone Pictures USA/ MONDADORI PORTFOLIO: 155.

Tous droits réservés. Toute représentation ou reproduction intégrale ou partielle de la présente publication ne peut se faire sans le consentement de l'éditeur.

Pour toute suggestion ou information, la rédaction peut être contactée à l'adresse suivante :

info@blackcat-cideb.com
blackcat-cideb.com

ISBN 978-88-530-1725-3 Livre + CD

Imprimé en Italie par Litoprint, Gênes.

Sommaire

CHAPITRE 1	**Edmond Dantès**	9
CHAPITRE 2	**L'arrestation**	20
CHAPITRE 3	**Le château d'If**	31
CHAPITRE 4	**L'abbé Faria**	42
CHAPITRE 5	**Le trésor**	53
CHAPITRE 6	**Les Morcerf**	68
CHAPITRE 7	**Les Villefort**	79
CHAPITRE 8	**Les Danglars**	90
CHAPITRE 9	**L'étau se resserre**	101
CHAPITRE 10	**Le suicide de Morcerf**	116
CHAPITRE 11	**La folie de Villefort**	127
CHAPITRE 12	**Le pardon de Danglars**	138

DOSSIERS	Alexandre Dumas	4
	L'évasion	64
	Marseille en quelques bâtiments	112
	L'île de Montecristo et l'archipel toscan	149
	Cinéma : Monte-Cristo sur grand écran	153
ACTIVITÉS	Après la lecture	16, 27, 38, 49, 60, 75, 86, 97, 108, 123, 134, 145
	Test final	156

 Cette icône signale les activités de type DELF.

LE TEXTE EST ENTIÈREMENT ENREGISTRÉ.
Le symbole avec le numéro de piste indique une piste présente sur le CD audio inclus. Le symbole mp3 indique une piste téléchargeable depuis notre site, blackcat-cideb.com.

Alexandre Dumas

Un jeune écrivain à succès

Fils d'un général bonapartiste et petit-fils d'une esclave noire de Saint-Domingue, Alexandre Dumas est né le 24 juillet 1802 à Villers-Cotterêts, au nord-est de Paris. Quand son père meurt, en 1806, il laisse sa femme et son jeune fils dans la misère. Métisse, Alexandre Dumas souffrira toute sa vie de remarques racistes de la part d'une société française encore peu habituée à la diversité.

À l'âge de quatorze ans, il travaille chez un notaire. À vingt ans, il s'installe à Paris où il se prend de passion pour le théâtre et il fréquente les salons littéraires. Après avoir publié sans succès des poèmes, il écrit en 1828 la pièce de théâtre *Henri III et sa cour* qui est reçue avec des acclamations à la Comédie-Française.

C'est le début du succès littéraire et financier. Il mène la grande vie, aux côtés des grands auteurs du moment : Victor Hugo, Alfred de Vigny, ou encore George Sand. En juillet 1830, il se mêle aux combats de rue des journées révolutionnaires, en partie pour le goût de l'action qu'il a hérité de son père.

Encouragé par le roman *Ivanhoé* que l'écrivain anglais Walter Scott a publié en 1819, Dumas se met à l'écriture de romans historiques. Il voyage beaucoup. Il se rend notamment en Italie à bord d'un bateau qui se nomme *Pharamond*. En 1844, il publie dans la presse des romans feuilletons : d'abord *Les Trois Mousquetaires*, puis *Le comte de Monte-Cristo* dont la publication s'achèvera en 1846. Ces deux récits connaissent immédiatement un succès fabuleux.

Le comte de Monte-Cristo

En 1842, alors qu'il navigue le long des côtes de l'île de Montecristo, il promet à son compagnon de voyage d'écrire un roman qui porterait le nom de l'île en souvenir de cette croisière. Deux ans plus tard, il s'inspire de deux faits divers qu'il trouve dans les *Mémoires d'un ancien policier* : l'histoire d'un jeune homme, victime d'une dénonciation mensongère, qui va appliquer une vengeance terrible sur les coupables de son malheur, ainsi qu'une sombre affaire d'empoisonnement familial. Mais Dumas ne travaille pas seul. Il s'entoure de collaborateurs. Ainsi, c'est le professeur d'histoire Auguste Maquet qui lui donne l'idée de raconter l'arrestation d'Edmond et sa captivité. Le professeur revendiquera la signature de plusieurs œuvres écrites en collaboration avec Dumas, mais la justice lui donnera tort. Grâce à la fortune que lui rapporte l'histoire de Dantès, Dumas achète un terrain près de Paris sur lequel il se fait construire un château qu'il nomme Monte-Cristo.

Les Trois Mousquetaires, roman d'Alexandre Dumas.

La fin de la prospérité

L'écrivain continue de publier des romans historiques à succès, mais, généreux et trop bon vivant, il dépense sans compter. En 1848, son fils connaît aussi la réussite littéraire grâce au roman *La Dame aux Camélias*. On les appelle alors « Dumas père » et « Dumas fils » pour les distinguer. Le père est incontestablement le plus populaire des écrivains français de son époque. Il publiera en tout, plus de 300 drames et romans. À partir de 1849, il connaît de très sérieuses difficultés financières et deux ans plus tard, il s'exile en Belgique pour échapper à ses créanciers. Quand il rentre à Paris en 1853, il n'est plus un auteur à la mode. Toujours avide d'action, il participe à l'expédition des Mille de Giuseppe Garibaldi, en 1860. Partis de Gênes, ils vont conquérir la Sicile, et puis Naples.

En 1869, Alexandre Dumas s'installe en Bretagne pour travailler sur son *Dictionnaire de cuisine*.

Le château d'Alexandre Dumas.

Épuisé et ruiné, il meurt le 5 décembre 1870 à Puys, près de Dieppe. Il est d'abord enterré sur ses terres natales, à Villers-Cotterêts, puis il est transféré, en 2002, au Panthéon à Paris, à l'occasion du bicentenaire de sa naissance.

Le Panthéon à Paris.

Compréhension écrite et orale

1 DELF Lisez le dossier, puis indiquez si les affirmations sont vraies (V) ou fausses (F).

		V	F
1	Alexandre Dumas a connu une enfance dorée, loin de la misère.	☐	☐
2	Il connaît son premier succès en 1828.	☐	☐
3	Alexandre Dumas n'aime pas l'action.	☐	☐
4	Alexandre Dumas n'a jamais vu l'île de Montecristo.	☐	☐
5	Auguste Maquet collabore à l'écriture des livres de Dumas.	☐	☐
6	L'auteur de *La Dame aux Camélias* est « Dumas père ».	☐	☐
7	Alexandre Dumas meurt ruiné.	☐	☐
8	À sa mort, Alexandre Dumas est enterré au Panthéon.	☐	☐

Personnages

CHAPITRE **1**

Edmond Dantès

Le 27 février 1815, le *Pharaon*, un magnifique trois mats venant de Naples, rentre lentement dans le port de Marseille. Sur le pont, un jeune marin contrôle chaque mouvement du navire. Âgé de dix-neuf ans, il est grand, avec de beaux yeux noirs et se nomme Edmond Dantès. La manœuvre n'est pas encore finie quand l'armateur monte à bord et se précipite vers lui.

— Dantès, que s'est-il passé ? Pourquoi cet air triste ? demande-t-il.

— Un grand malheur, monsieur Morrel ! Le capitaine Leclère est mort. Après Naples, la fièvre l'a pris et trois jours plus tard, il était mort.

— Et le chargement ? demande vivement l'armateur.

— Il est en bon état et je pense qu'il vous rapportera beaucoup d'argent.

CHAPITRE 1

Ces mots consolent immédiatement l'armateur. Dantès retourne auprès de l'équipage pour diriger la manœuvre. Monsieur Morrel l'observe. Quand un homme, âgé de vingt-cinq ans, l'air peu sympathique, sort de sa cabine et s'approche de l'armateur. C'est Danglars, l'agent comptable. Il est jaloux de Dantès et n'est pas très apprécié des autres marins.

— Dantès connaît bien son métier et l'absence du capitaine ne l'a pas empêché d'arriver à bon port, dit l'armateur d'un ton satisfait.

— Oui, répond Danglars en jetant à Edmond un regard haineux. Mais quand le capitaine est mort, Dantès a pris le commandement sans consulter personne. Ensuite, il nous a fait perdre un jour et demi à l'île d'Elbe au lieu de revenir directement à Marseille.

— En tant que second, c'était son devoir de prendre le commandement. Par contre, il a eu tort de perdre du temps à l'île d'Elbe.

L'armateur se tourne vers Edmond.

— Dantès ! crie l'armateur pour se faire entendre. Venez ici !

— Pardon monsieur, dit Dantès, je suis à vous dans un instant.

— Vous voyez, il se croit déjà capitaine ! dit Danglars. Sachez aussi qu'il a ramené une lettre secrète de l'île d'Elbe.

Puis, le comptable retourne dans sa cabine, et Edmond rejoint l'armateur.

— Pourquoi cet arrêt à l'île d'Elbe ? demande Morrel.

— Pour accomplir le dernier ordre du capitaine. Avant de mourir, il m'a demandé de remettre une lettre au grand maréchal Bertrand, l'ami fidèle de Napoléon.

— Vous avez vu l'Empereur ? Comment va-t-il ? demande Morrel à voix basse.

— Il a l'air d'aller bien, je l'ai aperçu chez le grand maréchal.

— L'Empereur est un grand homme... Vous avez bien fait de suivre l'ordre du capitaine. Mais surtout, ne parlez à personne de

Edmond Dantès

la lettre que vous avez remise au maréchal… cela pourrait vous compromettre.

— Bien, monsieur Morrel. Au fait, pourriez-vous m'accorder un congé de quinze jours ? Je veux passer du temps avec mon père et avec Mercédès que je vais épouser. Et puis, je dois aussi aller à Paris.

— Accordé, mon cher Edmond. Vous devez juste être de retour dans trois mois, car le *Pharaon* ne peut pas partir sans son capitaine.

— Vous voulez donc me nommer capitaine ? s'écrie Dantès.

— Absolument ! Dites-moi Edmond, que pensez-vous de Danglars ?

— C'est un bon comptable, même si je crois qu'il ne m'aime pas.

— Merci, mon cher Edmond, votre jugement est toujours impartial. Maintenant, courez retrouver votre père et votre bien-aimée !

— Au revoir, monsieur Morrel, et mille fois merci.

Le marin se précipite d'abord chez son père. C'est un vieil homme qui vit dans la misère. Fou de joie, Edmond lui annonce qu'il va être nommé capitaine.

— Père, je vais gagner plus d'argent maintenant, et tu ne manqueras plus jamais de rien. Je t'ai rapporté du café et du très bon tabac !

Quelques instants plus tard, un homme se présente à la porte. C'est Caderousse, leur voisin tailleur. Il a vingt-cinq ans environ. Selon Edmond c'est un homme « qui a des lèvres qui disent une chose et le cœur qui en pense une autre ».

— J'ai appris par mon ami Danglars que tu étais de retour et je viens te serrer la main, mon bon Edmond. On m'a dit que tu allais être nommé capitaine. Tu vas devenir riche. Cela fera plaisir à Mercédès…

CHAPITRE 1

— Très certainement, répond Edmond sans vraiment prêter attention.

Puis le jeune homme se tourne vers son père :

— Mon père, je vous demande la permission d'aller lui rendre visite.

— Cette belle Mercédès ! Elle a beaucoup de prétendants, mon cher Edmond, insinue sournoisement Caderousse. Ne perds pas de temps ! Va lui annoncer tout de suite la bonne nouvelle !

Quelques instants plus tard, Edmond arrive devant une maisonnette du quartier des Catalans. Il s'écrit joyeusement :

— Mercédès ! Mercédès !

Aussitôt, une jeune fille aux cheveux noirs et aux yeux étincelants ouvre la porte et s'écrie à son tour :

— Edmond ! me voici !

Les deux amoureux tombent dans les bras l'un de l'autre. Tout à coup, Edmond aperçoit le visage menaçant d'un homme qui se tient dans l'ombre de la maison. Sa main est posée sur le couteau passé dans sa ceinture.

— Je ne pensais pas trouver un ennemi chez toi, Mercédès, dit Edmond, surpris.

— Tu te trompes, Edmond, tu n'as pas d'ennemi, ici, dit Mercédès. C'est Fernand, mon cousin. Il va te serrer la main comme à un ami.

Fernand Mondego est un jeune pêcheur. Il aime Mercédès et lui fait la cour. Mais celle-ci est amoureuse d'Edmond. Elle a même dit à son cousin que si Edmond devait mourir, elle mourrait aussi. Fernand a tout essayé, Mercédès ne lui cède pas. Il déteste Edmond. Mais comme il ne sait pas résister à sa cousine, il tend la main à son rival puis s'enfuit en courant.

CHAPITRE 1

Non loin de là, à la terrasse de l'auberge la Réserve, Caderousse a rejoint Danglars. Ils boivent du vin, surtout Caderousse qui aime s'enivrer.

— Alors, il t'a dit qu'il allait être capitaine ? demande Danglars.

— Oui, et de façon très arrogante, ment Caderousse. Il ne le mérite pas !

— Il ne l'est pas encore et peut-être même qu'il ne le sera jamais !

À ce moment, Fernand passe devant le café, il est désespéré.

— Où vas-tu comme ça ? demande Danglars. Viens t'asseoir avec nous !

— Fernand, tu as l'air d'avoir été rejeté par une femme, ajoute Caderousse un peu ivre.

Fernand se laisse tomber sur une chaise. Il pleure :

— Je suis si malheureux ! Je dois me débarrasser de cet homme !

— Ah, il paraît que Dantès va bientôt épouser Mercédès, dit Caderousse, et qu'il va, en plus, devenir capitaine du *Pharaon*.

— Ce n'est pas encore fait, ajoute Danglars à voix basse.

Danglars observe Caderousse et Fernand à tour de rôle.

« L'un est ivre d'alcool et l'autre d'amour — pense-t-il tout bas — Je dois agir vite car les fiançailles d'Edmond et de Mercédès se tiennent demain… Mais, j'y pense, Edmond doit aller à Paris pour remettre une lettre que le grand maréchal lui a confiée. Ah ! Mon cher Dantès, tu n'es pas encore marié et tu ne seras peut-être jamais capitaine… »

Puis il s'adresse au cousin de Mercédès :

— Fernand, je veux t'aider ! Il doit bien y avoir une solution…

— J'avais pensé le tuer, mais s'il meurt, elle meurt aussi.

— Dantès ne doit pas mourir, c'est mon ami, interrompt Caderousse complètement ivre.

— Le mariage peut ne pas avoir lieu, même si Dantès reste en vie… Il suffit que les murs d'une prison les séparent, ajoute Danglars.

Edmond Dantès

— Trouvez un moyen, et je l'exécuterai, dit Fernand.

Danglars demande qu'on lui apporte du papier, de l'encre et une plume.

— Voilà les instruments les plus sûrs pour se débarrasser d'un homme..., dit Caderousse dans un sursaut de lucidité.

— Il n'est pas si ivre, constate tout bas Danglars.

Puis il ajoute :

— Il serait facile de dénoncer Edmond comme agent bonapartiste, surtout depuis son passage sur l'île d'Elbe, là où réside l'Empereur.

Danglars prend alors la plume de la main gauche pour masquer son écriture.

Monsieur le procureur du roi est prévenu, par un ami royaliste, que le nommé Edmond Dantès, second du navire le Pharaon, a fait escale à l'île d'Elbe. Il a apporté une lettre à l'usurpateur qui lui en a donné une autre à remettre au comité bonapartiste de Paris.

On aura la preuve de son crime en l'arrêtant, car on trouvera cette lettre ou sur lui, ou chez son père, ou dans sa cabine à bord du Pharaon.

— Et voilà, cher Fernand, comment réaliser votre rêve, dit Danglars.

— Oui, mais ce serait une infamie ![1] ajoute Caderousse.

— Mais je plaisante, voyons, dit Danglars. Je serais vraiment désolé s'il arrivait quelque chose à ce cher Edmond !

Le comptable froisse la lettre et la jette négligemment sous la table. Puis avec Caderousse, ils s'en vont. Danglars remarque avec satisfaction que Fernand récupère discrètement la lettre froissée. Le comptable en est maintenant presque sûr, Edmond Dantès ne deviendra jamais capitaine...

---

1. **infamie** : mauvaise action pour nuire à la réputation.

Après la lecture

Compréhension écrite et orale

1 DELF Écoutez et lisez le chapitre, puis remettez les phrases dans l'ordre chronologique.

a ☐ Danglars froisse la lettre de dénonciation et la jette sous la table.
b ☐ Edmond Dantès retrouve son père qu'il n'a pas vu depuis longtemps.
c ☐ Caderousse et Danglars invitent Fernand à s'asseoir avec eux au café.
d ☐ M. Morrel prend des nouvelles de l'Empereur.
e ☐ Chez Mercédès, Edmond aperçoit un homme menaçant.
f ☐ Le Pharaon rentre lentement dans le port de Marseille.
g ☐ L'armateur veut nommer Edmond Dantès capitaine.
h ☐ Edmond et Mercédès tombent dans les bras l'un de l'autre.

2 Choisissez la phrase qui correspond à l'histoire.

1 a ☐ Le capitaine Leclère est mort mais le chargement est en bon état.
   b ☐ Le capitaine Leclère a débarqué le chargement sur l'île d'Elbe.
2 a ☐ L'agent comptable Danglars apprécie beaucoup Edmond Dantès.
   b ☐ L'agent comptable Danglars est jaloux d'Edmond Dantès.
3 a ☐ Caderousse est un homme qui ne dit pas ce qu'il pense.
   b ☐ Caderousse est un homme qui dit toujours ce qu'il pense.
4 a ☐ Fernand s'enfuit sans avoir serré la main d'Edmond.
   b ☐ Fernand s'enfuit après avoir serré la main d'Edmond.
5 a ☐ Fernand veut trouver un cadeau de mariage pour Edmond.
   b ☐ Fernand veut trouver un moyen de se débarrasser d'Edmond.
6 a ☐ Danglars prend la plume de la main gauche pour déguiser son écriture.
   b ☐ Danglars prend la plume de la main droite pour écrire correctement.

ACTIVITÉS

Enrichissez votre vocabulaire

3 DELF **Choisissez le synonyme de chaque mot souligné.**

1. Les mots d'Edmond <u>consolent</u> l'armateur.
   - a ☐ chagrinent
   - b ☐ enchantent
   - c ☐ réconfortent

2. La lettre pourrait le <u>compromettre</u>.
   - a ☐ discréditer
   - b ☐ retarder
   - c ☐ satisfaire

3. Le père de Dantès vit dans la <u>misère</u>.
   - a ☐ campagne
   - b ☐ pauvreté
   - c ☐ ville

4. Mercédès ne <u>cède</u> pas à Fernand.
   - a ☐ sourit
   - b ☐ résiste
   - c ☐ succombe

5. Fernand a l'air d'avoir été <u>rejeté</u> par une femme.
   - a ☐ reçu
   - b ☐ repoussé
   - c ☐ adopté

6. Caderousse s'exprime dans un sursaut de <u>lucidité</u>.
   - a ☐ folie
   - b ☐ clairvoyance
   - c ☐ passion

ACTIVITÉS

4 Associez chaque mot à l'image correspondante.

a un trois mats
b un chargement
c une ceinture
d une terrasse
e de l'encre
f une plume

1

2

3

4

5

6

Grammaire

Le conditionnel présent

*Ne parlez à personne de la lettre que vous avez remise au maréchal… cela **pourrait** vous compromettre !*

Le conditionnel est le mode utilisé lorsque celui qui parle envisage ce qu'il dit comme simplement possible. Il est souvent précédé d'une subordination circonstancielle de condition.

*Si quelqu'un entend parler de la lettre, cela **pourrait** compromettre Edmond.*

ACTIVITÉS

Le conditionnel peut aussi apparaître seul pour demander quelque chose poliment ou exprimer un désir ou un regret.

*Je **voudrais** prendre un congé.*

Pour former **le conditionnel présent**, on ajoute les terminaisons **-ais**, **-ais**, **-ait**, **-ions**, **-iez** et **-aient** à l'infinitif du verbe.

Manger : *je mangerais…*   Partir : *je partirais…*

Les verbes irréguliers subissent les mêmes changements qu'au futur.

Être : *je serais…*   Avoir : *j'aurais…*   Aller : *j'irais…*

Faire : *je ferais…*   Prendre : *je prendrais…*   Devoir : *je devrais…*

5 Conjuguez les verbes entre parenthèses au conditionnel présent.

1. L'armateur est inquiet, il ………………………… (*vouloir*) avoir des nouvelles du chargement.
2. Les marins ………………………… (*aimer*) prendre un congé.
3. Si j'étais capitaine, je ………………………… (*gagner*) plus d'argent.
4. Si Edmond était tué, Mercédès ne le ………………………… (*supporter*) pas.
5. Si Edmond était en prison, Danglars ………………………… (*pouvoir*) être capitaine.
6. S'il nous invitait, nous ………………………… (*être*) content de venir.

Production écrite et orale

6 `DELF` À l'oral. Avez-vous déjà été jaloux de quelqu'un qui possédait quelque chose qui vous plaisait ? Racontez vos sentiments. Que pensez-vous de la jalousie ?

7 `DELF` À l'écrit. Comme Edmond, vous faites un grand voyage. Vous visitez des endroits différents de chez vous. Vous écrivez une lettre pour tout raconter à votre meilleur(e) ami(e) (160-180 mots).

CHAPITRE 2

L'arrestation

Le lendemain midi, à la Réserve, tous les proches d'Edmond et de Mercédès sont réunis. L'équipage du *Pharaon* est aussi présent ainsi que l'armateur, M. Morrel. Ce qui confirme aux yeux de tous la promotion d'Edmond au grade de capitaine. Edmond et Mercédès sont les plus heureux du monde. Aveuglés par leur bonheur, ils ne remarquent pas le sourire cruel de Fernand qui semble attendre quelque chose. Caderousse s'est assis près du père d'Edmond et l'excellent repas le rend particulièrement aimable avec la famille Dantès. Il n'a plus qu'un vague souvenir de ce qui s'est passé la veille. Quant à Danglars, il est nerveux et il ne perd pas de vue Fernand. Quand, un bruit confus de pas sourds et un cliquetis[1] d'armes couvrent les exclamations des invités qui se taisent soudainement.

---

1. **cliquetis** : bruit d'objets métalliques.

L'arrestation

— Au nom de la loi ! gronde une voix.

Aussitôt, un commissaire entre dans la salle, suivi de quatre soldats armés.

— Qu'y a-t-il ? demande l'armateur. Vous devez faire erreur.

— J'ai un mandat d'arrêt. Lequel de vous est Edmond Dantès ?

Tous les regards se tournent vers le jeune homme qui, ému et digne à la fois, fait un pas en avant et déclare :

— C'est moi, monsieur. Que me voulez-vous ?

— Edmond Dantès, au nom de la loi, je vous arrête !

— Mais pourquoi m'arrêtez-vous ?

— Vous le saurez lors de votre interrogatoire.

— Qu'est-ce que cela signifie ? demande Caderousse à Danglars.

— Tais-toi ! Je ne sais pas, répond Danglars. Edmond a probablement rapporté quelques marchandises qu'il n'a pas déclarées.

Le père Dantès prie et supplie le commissaire. M. Morrel comprend qu'il n'y a rien à faire sur le moment. Le prisonnier doit suivre les soldats.

— Edmond ! crie Mercédès en s'élançant vers la voiture qui l'emporte.

Les invités sont désespérés. Mercédès et le père d'Edmond pleurent.

— Attendez-moi ici, dit l'armateur, je prends la première voiture que je rencontre et je cours au palais de justice.

En arrivant devant le palais, Monsieur Morrel trouve le vice-procureur du roi qu'il connaît un peu.

— Ah ! monsieur de Villefort ! s'écrie l'armateur. On vient d'arrêter le second de mon navire. Il doit y avoir certainement une

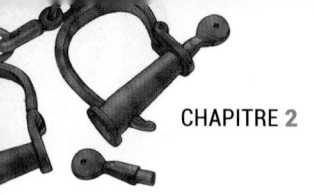

CHAPITRE 2

erreur. C'est l'homme le plus doux et le plus honnête de toute la marine marchande...

— On peut être un homme bien dans la vie privée et dans son travail, et être coupable au niveau politique. Vous le savez bien, n'est-ce pas monsieur ? répond Villefort en insistant sur les derniers mots.

Morrel reste sans voix, car en effet il est bonapartiste. Le magistrat le salue froidement et entre dans le palais de justice.

De retour à la Réserve, monsieur Morrel, très pâle, annonce que la situation est plus grave qu'on ne pouvait l'imaginer.

— De quoi l'accuse-t-on ? demande le vieux Dantès.
— On l'accuse d'être un agent bonapartiste !
Pour l'époque, c'est une accusation terrible.
— Mais il est innocent ! s'écrie Mercédès.

De son côté, Caderousse est pris de panique.
— C'est Fernand ! murmure-t-il à Danglars. Il a écouté tes conseils. Il a dû récupérer la lettre que tu as jetée sous la table et il l'a remise au commissaire. Danglars, tu m'as trompé, et je vais tout leur dire !
— Tais-toi ! ordonne le comptable. Qui te dit qu'il n'est pas vraiment coupable ? Et si l'on trouve les preuves de sa culpabilité, ceux qui l'auront soutenu pourraient passer pour ses complices.

Caderousse comprend l'allusion en un éclair.
— Tu as raison... Il vaut mieux attendre.
Les invités quittent l'auberge. Fernand raccompagne Mercédès.

Monsieur Morrel, qui a besoin de quelqu'un pour commander son navire, nomme temporairement Danglars capitaine du *Pharaon*.
— Le temps qu'Edmond soit remis en liberté, précise-t-il.
Danglars a du mal à cacher sa joie.

L'arrestation

— Tout se passe comme prévu, pense-t-il tout bas. Me voilà capitaine et si Caderousse se tait, je le serai pour longtemps. De plus, Villefort est plus royaliste que le roi, il ne relâchera jamais Dantès.

Chers lecteurs, intéressons-nous un instant à M. de Villefort car c'est entre ses mains que repose désormais le sort d'Edmond Dantès. Âgé de vingt-sept ans, ce fervent partisan du roi occupe déjà un poste important dans la magistrature. Le vice-procureur s'apprête à épouser une jeune aristocrate, mademoiselle de Saint-Méran, qui appartient à une famille royaliste très importante. Cependant, le père de Villefort, M. Noirtier de Villefort, député pendant la Révolution, est toujours un bonapartiste fidèle. Les opinions de ce père pèsent comme une menace sur le bel avenir qui s'ouvre devant lui. Pour faire oublier son père bonapartiste à la famille royaliste de sa fiancée, il doit donc se montrer inflexible avec les conspirateurs. Dans son bureau, monsieur de Villefort pense à tout cela avant d'interroger Dantès. Puis il ordonne de faire entrer le suspect.

— Que faisiez-vous au moment où vous avez été arrêté ?
— J'assistais au repas de mes propres fiançailles, répond Edmond d'une voix émue. J'aime cette femme depuis trois ans.
Cette phrase touche le vice-procureur car elle lui rappelle que lui aussi est sur le point de se marier. Il est en train de détruire le bonheur d'un homme amoureux comme lui. Au fur et à mesure de l'interrogatoire, Villefort se sent de plus en plus proche d'Edmond.
— Monsieur Dantès, vous dites ne pas avoir d'ennemis, mais peut-être qu'il y a des jaloux autour de vous. Vous allez être capitaine à dix-neuf ans et vous allez épouser une jolie femme qui

CHAPITRE 2

vous aime. Lisez cette lettre de dénonciation et dites-moi si vous reconnaissez l'écriture.

Dantès lit attentivement la lettre, puis répond :

— Je ne connais pas cette écriture. Mais on dirait que j'ai un ennemi.

— Et maintenant, dites-moi ce qu'il y a de vrai dans cette accusation.

— En quittant Naples, le capitaine Leclère, avant de mourir, m'a demandé de mettre le cap[2] sur l'île d'Elbe où j'ai remis une lettre au grand maréchal. Puis j'en ai reçu une autre que je devais porter à Paris. Les dernières volontés d'un mourant sont sacrées et, chez les marins, les prières d'un supérieur sont des ordres que l'on doit accomplir. Voilà toute l'histoire. La suite, vous la connaissez, j'assistais au repas de mes fiançailles quand on m'a arrêté.

— Tout cela me semble la vérité et si vous êtes coupable, c'est par imprudence. Donnez-moi cette lettre et allez rejoindre vos amis.

— Elle doit être devant vous. On me la prise avec mes autres papiers.

— À qui est-elle adressée ? demande Villefort en fouillant dans la liasse de papiers.

— À monsieur Noirtier, rue Coq-Héron, à Paris.

Monsieur de Villefort devient très pâle. Il s'empare de l'enveloppe.

— M. Noirtier, rue Coq-Héron, n° 13, murmure Villefort en pâlissant de plus en plus.

— Vous le connaissez ? demande Edmond étonné.

— Non ! répond vivement Villefort. Un fidèle serviteur du roi comme moi ne connaît pas les conspirateurs !

---

2. **mettre le cap sur** : en mer, se diriger vers.

CHAPITRE 2

— Il s'agit donc d'une conspiration ? demande Dantès, terrorisé par la réaction de Villefort. En tout cas, j'ignore le contenu de cette lettre !

— Peut-être, mais vous connaissez le nom de celui à qui elle est adressée ! Avez-vous montré cette lettre à quelqu'un ?

— À personne, monsieur, sur l'honneur !

— Qui sait que vous aviez une lettre adressée à M. Noirtier ?

— Personne, monsieur !

Le vice-procureur relit la lettre pour la troisième fois.

« S'il connaît le contenu de la lettre et qu'il apprend que Noirtier s'appelle en vrai Noirtier de Villefort et qu'il est mon père, je suis perdu », pense-t-il tout bas.

Il regarde le jeune homme et, au prix d'un violent effort, il dit :

— Monsieur, je ne peux malheureusement pas vous libérer maintenant comme je le pensais. Je dois d'abord consulter le juge d'instruction. En attendant, je vais vous garder jusqu'à ce soir. Pour vous aider, je détruis la principale charge qui pèse sur vous.

Sur ces mots, il jette la lettre dans la cheminée.

— Merci, monsieur, vous êtes la bonté même !

— Voyez, vous pouvez me faire confiance !

Villefort s'approche de Dantès.

— Permettez-moi de vous donner un précieux conseil : si quelqu'un d'autre vous interroge, vous pouvez tout lui raconter, mais ne parlez jamais de cette lettre. C'est la seule façon de vous sauver.

— Je vous le promets, répond Dantès, confiant.

Villefort sonne et Dantès repart avec un officier. Dès que la porte se referme, Villefort s'écroule dans son fauteuil, terrorisé. Quand, tout à coup, son visage s'illumine.

« Cette lettre qui devait me détruire pourrait très bien finalement contribuer à mon bonheur... »

Après la lecture

Compréhension écrite et orale

1 DELF Écoutez et lisez le chapitre, puis indiquez si les affirmations sont vraies (V) ou fausses (F).

		V	F
1	Les fiançailles d'Edmond et Mercédès se tiennent à la Réserve.	☐	☐
2	Mercédès remarque le sourire cruel de Fernand.	☐	☐
3	Le père d'Edmond pleure avec Caderousse.	☐	☐
4	Morrel est royaliste.	☐	☐
5	Danglars ordonne à Caderousse de se taire.	☐	☐
6	Morrel nomme Danglars capitaine du *Pharaon*.	☐	☐
7	Dantès reconnaît l'écriture de la lettre.	☐	☐
8	Dantès ne connaît pas M. Noirtier.	☐	☐

2 DELF Écoutez et lisez le chapitre, puis choisissez la bonne réponse.

1 Caderousse n'a plus qu'un *vague / mauvais* souvenir de la veille.
2 Quand les soldats arrivent, les invités se *lèvent / taisent* soudainement.
3 Le père Dantès *remercie / supplie* le commissaire.
4 Il n'est pas bon d'être *bonapartiste / royaliste* à cette époque.
5 M. de Villefort occupe un poste important dans la *marine / magistrature*.
6 Le vice-procureur est d'abord *déçu / touché* par l'histoire d'Edmond.
7 Les prières d'un capitaine sont des *ordres / récompenses* pour l'équipage.
8 La lettre d'Edmond est destiné au *père / collègue* du vice-procureur.
9 Le vice-procureur *détruit / conserve* la lettre.
10 En repartant du bureau du vice-procureur, Edmond est *confiant / inquiet*.

27

ACTIVITÉS

Enrichissez votre vocabulaire

3 Les voyelles sont absentes. Retrouvez les mots grâce à leur définition.

1. Cri exprimant un sentiment vif : _ X C L _ M _ T _ _ N
2. Officier de police : C _ M M _ S S _ _ R _
3. Membre d'une assemblée législative : D _ P _ T _
4. Personne qui est accusée : S _ S P _ C T
5. Façon de penser : _ P _ N _ _ N
6. Indice de culpabilité : C H _ R G _

4 Complétez les mots croisés grâce aux définitions.

1. Qui est passionné.
2. Qui agit avec droiture et loyauté.
3. Qui a une attitude retenue et fière.
4. Complot contre un régime politique.
5. Dur et impitoyable.
6. Qui est excité et inquiet.
7. Très blanc.
8. Personne qui participe aussi au délit.

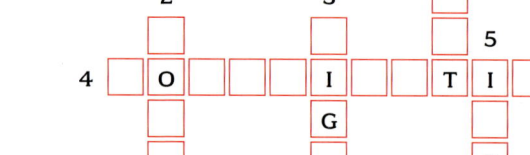

ACTIVITÉS

5 **DELF** Choisissez la bonne réponse.

1 Perdre de vue.
   a ☐ Ne pas avoir de chance au casino.
   b ☐ Cesser de voir quelque chose ou quelqu'un.
   c ☐ Devenir aveugle à cause d'une maladie.

2 Être pris de panique.
   a ☐ Oublier son nom.
   b ☐ Marcher très vite.
   c ☐ Se laisser envahir par la peur.

3 En un éclair.
   a ☐ Très vite.
   b ☐ Avec beaucoup de lumière.
   c ☐ Dans un grand bruit.

4 Mettre le cap.
   a ☐ Diriger un bateau vers un point précis.
   b ☐ Se coiffer de la casquette de capitaine.
   c ☐ Ajouter du sel dans sa soupe.

5 Une liasse de papiers.
   a ☐ Du papier pour allumer la cheminée.
   b ☐ De nombreux papiers réunis ensemble.
   c ☐ Une chemise en papier.

6 Son visage s'illumine.
   a ☐ Le soleil éclaire sa tête.
   b ☐ Il a très chaud à la tête.
   c ☐ Il a trouvé une bonne idée.

ACTIVITÉS

Production écrite et orale

6 À l'oral. Le destin semble s'acharner sur Edmond Dantès. En groupe, répondez aux questions en argumentant vos réponses.

1. Comment le hasard complète-t-il le piège imaginé par Danglars ?
2. M. de Villefort est-il un homme ambitieux ?
3. M. de Villefort est-il un homme honnête ?
4. Ses actes sont-ils graves pour un officier de justice ?
5. Quel est le conseil précieux qu'il donne à Dantès ?
6. Est-ce un bon conseil pour Edmond Dantès ?

7 DELF À l'écrit. Avez-vous été victime d'une injustice ? Avez-vous déjà été accusé à tort ? Racontez cette injustice, ses conséquences et décrivez vos sentiments (160-180 mots).

....
....
....
....
....
....
....
....
....
....
....

CHAPITRE **3**

Le château d'If

Quatre gendarmes conduisent Dantès au port et le font monter à bord d'une petite embarcation. Il a confiance en Villefort et il ne s'étonne pas de ce départ inexpliqué. Cependant, lorsque la barque s'éloigne du quai, il commence à s'inquiéter.

— Où m'emmenez-vous ? demande-t-il.

— Vous le saurez tout à l'heure, répond l'un des gendarmes.

— Je vous en prie, j'ai besoin de le savoir !

— Vous êtes Marseillais et marin et vous me demandez où nous allons ?

Dantès aperçoit le rocher noir sur lequel se dresse le sombre château d'If.

— Mais… je ne comprends pas. Le château d'If est une prison d'État destinée seulement aux grands coupables politiques. Je n'ai commis aucun crime et monsieur de Villefort m'avait promis…

31

CHAPITRE 3

Edmond comprend alors que tout espoir est perdu et pour échapper au sort qui l'attend, il tente de se jeter à la mer. Mais les gendarmes le retiennent. En arrivant sur l'île, Dantès est conduit et enfermé dans une cellule.

— Il y a du pain et de l'eau dans cette cruche, lui dit le geôlier [1], et de la paille dans un coin pour dormir : tout ce qu'un prisonnier peut désirer. Bonne nuit !

La porte se referme sur lui. Désespéré, Dantès se met à pleurer.

— Pour combien de temps suis-je ici ? se demande-t-il. Quel crime ai-je commis dans ma vie, si jeune encore, pour mériter une si cruelle punition ? Et comment vont mon pauvre père et ma belle Mercédès ?

Le lendemain, à l'aube, le geôlier entre dans la cellule.

— Vous voulez quelque chose ? demande-t-il à Dantès.

— Je veux voir le gouverneur de la prison !

— Un prisonnier n'a pas le droit de parler au gouverneur.

— Je veux voir le gouverneur, c'est très important !

— N'insistez pas, c'est impossible ! Si vous vous obstinez ainsi, vous allez devenir fou. Comme cet abbé qui voulait absolument offrir un million au gouverneur en échange de sa liberté. Eh bien, il a fini au cachot !

— Écoute, je ne suis pas abbé et je ne suis pas fou. Aide-moi ! Si je t'offre dix écus, promets-moi de porter un message à Mercédès, une jeune fille qui habite aux Catalans.

— Si je suis découvert, je perds ma place. Gardez votre argent !

— Si tu refuses, je te briserai la tête.

Dantès s'empare de la cruche et menace le geôlier.

---

1. **geôlier** : gardien de prison.

Le château d'If

— C'est bien, c'est bien ! on va prévenir le gouverneur, dit le geôlier.

Puis il ressort de la cellule. Quelques minutes plus tard, il revient accompagné de quatre soldats et un caporal.
— Par ordre du gouverneur, descendez le prisonnier au cachot. Il faut mettre les fous avec les fous !

* * *

En même temps, dans une rue de Marseille, Mercédès intercepte Villefort devant chez lui. Le vice-procureur comprend immédiatement qui est cette femme belle et digne. Quand elle lui demande ce qu'est devenu son amant, il lui semble que c'est lui l'accusé et elle le juge.
— L'homme dont vous parlez, dit-il brusquement, est un grand coupable, et je ne peux rien faire pour lui, mademoiselle.
— Mais où est-il, demande-t-elle en laissant échapper un sanglot. Est-il mort ou vivant ?
— Je ne sais pas, il ne m'appartient plus, répond Villefort en repoussant Mercédès pour rentrer chez lui.

Le vice-procureur sait qu'il a sacrifié un homme à son ambition, qu'il fait payer à un innocent la culpabilité de son propre père en le condamnant à la prison à vie. Cette fois, il n'est plus juge, il est bourreau. Villefort hésite, plein de remords, mais ce n'est qu'un moment de faiblesse passagère… il est trop tard… Edmond Dantès est condamné.

Trois jours plus tard, Villefort se présente à Paris, devant Louis XVIII.

CHAPITRE 3

— Sire, je viens vous informer d'une véritable conspiration. J'ai fait arrêter un marin que je soupçonnais de bonapartisme. Il était chargé par le grand maréchal d'un message verbal pour un bonapartiste de Paris dont je ne connais pas le nom.
— Et où est cet homme ? demande Louis XVIII.
— En prison, Sire.

Pour le récompenser, le roi le décore de la Légion d'honneur[2]. Villefort a empêché que le nom du conspirateur, c'est-à-dire celui de son père, ne soit révélé. Et surtout il vient de sauver sa carrière.

* * *

À Marseille, Fernand ne quitte plus Mercédès, folle de désespoir. Le père Dantès, lui, a tant de peine qu'il tombe malade. Morrel, de son côté, essaie par tous les moyens de venir en aide à Edmond, mais tous ses efforts restent inutiles. Caderousse, pris de culpabilité, s'enferme chez lui et boit pour oublier. Le capitaine Danglars est le seul à être heureux.

Le 20 mars, Napoléon reprend le pouvoir. Villefort jouit de la protection de son père. Morrel tente alors d'intervenir de nouveau auprès du vice-procureur. Ce dernier, convaincu que la chute de l'Empereur est imminente, ne peut pas relâcher Dantès sans risquer pour lui et sa carrière. Afin de ne pas éveiller les soupçons de l'armateur, Villefort fait semblant de vouloir aider Edmond Dantès.

— La seule solution est d'écrire une lettre au ministre de la Justice, explique-t-il sur un ton qui se veut bienveillant.

---

2. **Légion d'honneur** : médaille qui récompense les bonnes actions faites au pays.

CHAPITRE 3

— Mais comment être sûr qu'elle lui arrivera ? s'inquiète Morrel.
— Écrivons-la ensemble et je m'occupe de la faire parvenir. Dantès pouvait être coupable hier, mais il est innocent aujourd'hui.

Morrel quitte le vice-procureur plein d'espoir. Mais c'est, hélas, c'est bien mal connaître Villefort ! Au lieu d'envoyer la lettre au ministre de la justice, il la garde précieusement dans son bureau. Si Dantès est libéré, il sait qu'il est perdu ! Quant à Danglars, il craint aussi que Dantès ne soit relâché. Il a peur qu'il revienne et se venge. Alors, il quitte le *Pharaon* et s'installe à Madrid pour travailler auprès d'un négociant espagnol.

Heureusement pour les uns, malheureusement pour les autres, le retour de la monarchie ne se fait pas attendre. Après les Cent-Jours et la défaite de Waterloo, Louis XVIII reprend le pouvoir. À la chute de l'Empereur, le vieux Dantès perd tout espoir de revoir un jour son fils. Cinq mois après avoir vu Edmond pour la dernière fois, il rend son dernier soupir. Monsieur Morrel prend en charge l'enterrement et paie les dernières dettes de la famille Dantès. C'est un véritable acte de courage de la part de l'armateur. Secourir, même sur son lit de mort, le père d'un bonapartiste au moment du retour du roi sur le trône est périlleux. Le dévouement dont fait preuve Fernand transforme progressivement les sentiments de Mercédès. À l'amitié s'ajoute maintenant la reconnaissance et elle l'appelle « mon frère ».

* * *

Un an environ après le retour de Louis XVIII, le château d'If reçoit la visite de M. l'inspecteur général des prisons. Il contrôle les cellules les unes après les autres.

Le château d'If

Dantès, du fond de son cachot, comprend que c'est une occasion inespérée pour expliquer sa situation.

— Que voulez-vous ? demande l'inspecteur.

— Je veux savoir de quoi je suis accusé. Je demande un procès. Qu'on me fusille si je suis coupable, mais qu'on me rende ma liberté si je suis innocent ! Il y a si longtemps que je suis ici.

— Quand avez-vous été arrêté ?

— Le 28 février 1815.

— Nous sommes le 30 juillet 1816. Il n'y a que dix-sept mois que vous êtes prisonnier.

— Que dix-sept mois ! Mais j'ai l'impression d'être enfermé depuis dix-sept siècles ! Moi qui allait épouser une femme aimée. Je ne demande que des juges.

— On verra, dit l'inspecteur, ému. Qui vous a interrogé ?

— M. de Villefort. Il a été bon pour moi au moment de l'arrestation.

— Je peux donc croire tout ce qu'il a écrit dans votre dossier ?

— Entièrement, monsieur, affirme Dantès qui espère de nouveau.

L'inspecteur sort du cachot de Dantès. Un geôlier referme la porte à clef derrière lui.

— Maintenant, menez-moi au cachot de cet abbé fou italien, demande l'inspecteur au gardien. Celui qui prétend détenir des millions.

Après la visite complète du château d'If, l'inspecteur consulte le dossier d'Edmond Dantès. Mais le rapport est formel : Dantès est un bonapartiste enragé, et une note récente précise qu'il faut le garder sous haute surveillance.

ACTIVITÉS

Après la lecture

Compréhension écrite et orale

1 **DELF** Écoutez et lisez le chapitre, puis choisissez la bonne réponse.

1. Quand la barque s'éloigne du quai, Edmond commence à
   - a ☐ crier.
   - b ☐ s'inquiéter.
   - c ☐ se tranquilliser.
2. Dantès s'empare de la cruche et menace le
   - a ☐ geôlier.
   - b ☐ gouverneur.
   - c ☐ vice-procureur.
3. Après la rencontre avec Mercédès, Villefort n'a plus
   - a ☐ sommeil.
   - b ☐ la conscience tranquille.
   - c ☐ de travail.
4. Le capitaine Danglars est le seul
   - a ☐ qui vient en aide à Edmond.
   - b ☐ qui boit pour oublier.
   - c ☐ à être heureux.
5. Napoléon reprend le pouvoir
   - a ☐ à la fin de l'année.
   - b ☐ à la fin de l'hiver.
   - c ☐ à la fin de l'été.
6. Danglars quitte la France
   - a ☐ parce qu'Edmond pourrait être libéré.
   - b ☐ parce que Louis XVIII pourrait reprendre le pouvoir.
   - c ☐ parce que Morrel l'a renvoyé.
7. Le vieux Dantès perd tout espoir de revoir son fils
   - a ☐ au retour de l'Empereur.
   - b ☐ à la chute de l'Empereur.
   - c ☐ à la Révolution.
8. Edmond a été arrêté le
   - a ☐ 28 février 1815.
   - b ☐ 30 juillet 1816.
   - c ☐ 20 mars 1815.

ACTIVITÉS

2 Retrouvez le personnage.

1. Il prend en charge l'enterrement du vieux Dantès : ....
2. Il distribue une légion d'honneur : ....
3. Il refuse de porter une lettre à Mercédès : ....
4. Il y a dix-sept mois qu'il est enfermé : ....

Enrichissez votre vocabulaire

3 **DELF** Choisissez le ou les synonyme(s) de chaque adjectif souligné.

1. Le <u>sombre</u> château d'If se dresse sur un rocher noir.
   - a ☐ décoloré
   - b ☐ obscur
   - c ☐ ténébreux
2. Mercédès est <u>digne</u>.
   - a ☐ fière
   - b ☐ peureuse
   - c ☐ désespérée
3. Ce n'est qu'un moment de faiblesse <u>passagère</u>.
   - a ☐ éphémère
   - b ☐ provisoire
   - c ☐ éternelle
4. Les efforts de Morrel restent <u>inutiles</u>.
   - a ☐ forts
   - b ☐ profitables
   - c ☐ vains
5. Secourir un bonapartiste est <u>périlleux</u>.
   - a ☐ dangereux
   - b ☐ risqué
   - c ☐ facile
6. C'est une occasion <u>inespérée</u> pour expliquer sa situation.
   - a ☐ intellectuelle
   - b ☐ inattendue
   - c ☐ extraordinaire

ACTIVITÉS

Coin Culture

Les Cent-Jours

C'est la dernière période du règne de l'empereur Napoléon Ier. Elle s'étend du 20 mars 1815 au 22 juin 1815.

Depuis plus de 300 jours, Napoléon est en exil sur l'île d'Elbe. Mais il réunit 1 000 hommes, s'enfuit de l'île et débarque le 1er mars 1815 à Golfe-Juan dans le Sud-Est de la France. Puis, au fur et à mesure qu'il traverse le pays avec ses troupes en direction de Paris, de nombreuses personnalités le rallient. Le 20 mars, il arrive à Paris et Louis XVIII se réfugie à Gand, en Belgique. Napoléon fonde un nouveau gouvernement. Mais la guerre contre les Anglais et les Prussiens va lui être fatale. Le 18 juin les Français perdent la bataille de Waterloo. Le 22 juin Napoléon abdique et il s'embarque pour gagner Sainte-Hélène, une île au milieu de l'Atlantique où il est envoyé en exil. Le 6 juillet, les Anglais et les Prussiens entrent dans Paris. Le 8 juillet, Louis XVIII est restauré.

4 **DELF** **Associez les mots à leur définition.**

a ☐ un règne
b ☐ un exil
c ☐ rallier
d ☐ fatal
e ☐ abdiquer
f ☐ restaurer

1 Remettre une dynastie sur le trône.
2 Adhérer à un parti politique.
3 Renoncer à l'autorité.
4 Situation d'une personne obligée de vivre loin de sa patrie.
5 Qui entraîne des conséquences désastreuses.
6 Gouvernement d'un souverain.

ACTIVITÉS

5 Associez chaque mot à l'image correspondante.

a une barque
b un quai
c une cruche
d de la paille
e une médaille de la Légion d'honneur
f un dossier

1

2

3

4

5

6

Production écrite

6 DELF À l'écrit. Vous êtes Edmond Dantès, prisonnier au château d'If, mais vous avez réussi à convaincre le geôlier de porter une lettre à Mercédès. Rédigez la lettre et racontez-lui ce qu'il vous arrive (160 mots).

....
....
....
....
....
....
....
....
....
....
....

CHAPITRE 4
L'abbé Faria

Quatre ans plus tard, Edmond Dantès doit se rendre à l'évidence : il ne sortira jamais de cette prison ! La mort lui semble le meilleur moyen de mettre fin à ses souffrances. Il décide de se laisser mourir de faim. Mais un soir, alors qu'il est très affaibli, il entend un bruit sourd, de l'autre côté du mur. Est-ce un rat ? Une hallucination ? La folie ? Le bruit continue, au bout de trois heures, il entend une sorte d'éboulement... Est-ce un prisonnier qui recherche la liberté ? Il décide d'en avoir le cœur net et il donne, lui aussi, des coups contre le mur. Dès le premier coup, le bruit cesse. Edmond n'a plus de doute, c'est bien un prisonnier qui cherche à s'évader. Edmond reprend espoir et s'alimente à nouveau. Les trois jours suivants, il n'entend plus le bruit. Le quatrième jour, il l'entend de nouveau derrière le mur. Fou de joie, il casse sa cruche, et gratte le mur avec les morceaux pour aider le travailleur

L'abbé Faria

invisible. Au bout de plusieurs jours d'intense labeur[1], Dantès est arrêté par une grosse pierre. Il se décourage, lorsque soudain, il entend une voix de l'au-delà.

— Qui êtes-vous ? lui demande la voix.
— Un malheureux prisonnier, répond Dantès.
— Depuis combien de temps êtes-vous enfermé ici ?
— Depuis le 28 février 1815, et vous ?
— Depuis 1811.

L'homme a passé quatre ans de plus que lui dans ce maudit cachot ! Cela lui fait peur. Mais la joie de pouvoir enfin parler à quelqu'un apaise ses souffrances.

— Je pensais que ce mur donnait sur la mer, reprend l'homme. Je voulais plonger dans la mer et nager jusqu'à l'île la plus proche. Ainsi, j'étais sauvé ! J'étais libre ! À présent, tout est perdu ! Adieu !
— Non, ne me laissez pas, ne m'abandonnez pas ! crie Edmond. Je pourrai vous aider, nous pourrons fuir ensemble.

Le ton de Dantès est tellement sincère que le prisonnier se laisse convaincre. Ils font tomber le dernier morceau de mur qui les sépare. L'homme apparaît dans le cachot de Dantès qui prend dans ses bras ce nouvel ami. Il a les cheveux blancs et porte une longue barbe noire. Ses épais sourcils soulignent un regard perçant. Il semble avoir environ soixante-cinq ans.

— Je suis l'abbé Faria. Je connais encore par cœur cent cinquante livres et je me les repasse les uns après les autres. Vous voyez, je ne m'ennuie jamais. Quand j'étudie, j'oublie le présent et ma captivité.

---

1. **labeur** : travail pénible et long.

CHAPITRE 4

Dantès écoute cet homme et admire sa détermination, lui qui s'est résigné et n'a jamais pensé à s'évader. La personnalité de l'abbé lui donne de l'énergie et du courage. L'abbé lui explique aussi comment il fabrique les instruments qui lui servent pour creuser, mais aussi pour écrire et étudier.

— Venez donc dans ma cellule, je vous montrerai tout ça, dit l'abbé.

Dantès et l'abbé se faufilent dans le passage souterrain et ressortent dans le cachot de l'abbé.

— Peut-être que cet homme, si intelligent et si cultivé, pourra comprendre les raisons de mon malheur, pense-t-il tout bas.

— Que dites-vous, mon ami ? demande l'abbé Faria.

— Je pense que je suis ignorant. Je ne suis même pas capable de comprendre pourquoi je suis enfermé.

— Voyons voir. Racontez-moi votre histoire, dit l'abbé en s'asseyant.

L'abbé interroge Dantès sur les événements de sa vie qu'il n'a pas compris, par ignorance ou par naïveté. Le vieil homme comprend que ce sont la jalousie et l'ambition qui ont poussé Danglars à écrire cette lettre et que Fernand avait intérêt à le voir disparaître parce que lui aussi aimait Mercédès.

— Vous dites que Villefort a détruit la lettre et qu'il vous a fait jurer de ne jamais prononcer le nom de Noirtier ? demande l'abbé.

— Oui, répond Dantès.

— Pauvre aveugle que vous êtes ! J'ai connu un député pendant la Révolution, il s'appelait Noirtier de Villefort. Ce Noirtier est le père du vice-procureur ! En brûlant cette lettre, Villefort détruisait une preuve contre son père, et non contre vous. C'est son avenir qui était en jeu, et non le vôtre !

En entendant cela, Dantès perd tout espoir d'être jugé un jour.

L'abbé Faria

— J'aurais mieux fait de ne pas vous éclairer sur votre vie, dit l'abbé.

— Pourquoi cela ? demande Edmond, surpris.

— Parce qu'un nouveau sentiment va maintenant guider vos pas : la vengeance.

Dantès sourit, réfléchit un instant puis il lui dit :

— Voulez-vous faire mon éducation ? Je me rends compte de mon ignorance et de l'ampleur de vos connaissances.

— Si vous le désirez, en deux ans, je peux vous apprendre les mathématiques, la physique, l'histoire et les trois ou quatre langues vivantes que je parle.

— Deux ans ! dit Dantès, vous croyez que je peux apprendre ces choses en deux ans ?

— Oui, mais apprendre n'est pas savoir, c'est la philosophie qui rend savant.

— Voyons, que m'apprenez-vous d'abord ? J'ai hâte de commencer.

— Tout ! dit l'abbé.

Les deux prisonniers établissent un programme d'éducation. Au bout d'un an, Edmond Dantès est déjà un autre homme. Il assimile aussi les manières aristocratiques de l'abbé. Un soir, Edmond entend l'abbé Faria qui l'appelle au secours. Il se précipite dans le souterrain, puis le trouve cramponné à son lit, le visage très pâle.

— Je vais mourir, je suis atteint d'une maladie qui a tué mon père et mon grand-père. Edmond, j'ai des révélations importantes à vous faire...

Edmond, inquiet, regarde son ami :

— Dites-moi ce que je peux faire pour vous aider !

CHAPITRE 4

— Edmond, il n'y a plus rien à faire. Mais, ne perdons pas de temps, il serait absurde de ne pas profiter de ce trésor. Tout le monde croit que c'est une invention, que je suis fou... Tant pis pour eux !

Edmond ne veut pas croire que cet ami qui lui est si cher est sur le point de mourir. L'abbé lui tend une feuille qui était soigneusement cachée dans le mur. Edmond lit le papier.

« Aujourd'hui, 25 avril 1498, je déclare avoir enterré dans les grottes de l'île de Monte-Cristo tous mes lingots d'or, mes pierres précieuses et mes bijoux. Le trésor est caché sous le vingtième rocher à partir de la petite plage de l'Est. Deux ouvertures ont été pratiquées dans ces grottes : le trésor est dans l'angle le plus éloigné de la deuxième.

Cesare Spada »

Edmond connaît Monte-Cristo, une petite île montagneuse au large de la Toscane. Il a souvent navigué dans cette partie de la Méditerranée, mais il n'a jamais débarqué sur cette île sauvage et inhabitée.

— Vous savez que je ne suis pas fou, Edmond. Avant mon arrestation en 1807, à Rome j'étais le secrétaire et l'ami intime du dernier cardinal Spada. J'ai déchiffré ce secret à sa mort. Ce trésor renferme deux millions de monnaie romaine, treize millions de notre monnaie. Il vous appartient, vous êtes mon fils, Dantès !

Le jeune homme se jette dans les bras du vieillard qui le serre contre lui. C'est le dernier geste de l'abbé car il retombe aussitôt, inanimé. Dantès pleure sur le corps sans vie de son ami pendant toute la nuit. Lorsque le jour se lève, Edmond retourne dans son cachot. Pendant la journée, il entend les allées et venues des

CHAPITRE 4

gardiens qui se sont rendus compte de la mort du prisonnier. Le soir, Edmond rend une dernière visite à l'abbé. Ce dernier est enfermé dans un sac de toile grossière. Soudain, une idée traverse l'esprit d'Edmond : il va prendre la place de son ami ! Alors, il transporte le cadavre dans son propre cachot et le glisse dans le lit en le couvrant entièrement avec la couverture. De retour dans la cellule de l'abbé, Edmond s'enferme dans le sac de toile, emportant avec lui le couteau de Faria. Le lendemain, les gardiens viennent chercher le corps pour le jeter à la mer. Sous l'eau, Edmond se libère et remonte à la surface. Il est libre ! Edmond Dantès est un excellent nageur. Il nage pendant plus d'une heure pour atteindre l'île la plus proche. Il est épuisé, il a faim et il a soif, ses forces l'abandonnent. Quand il aperçoit un voilier. Deux marins, à la force de leurs bras, le tirent hors de l'eau. Edmond peut enfin reprendre ses forces, assis sur le pont du bateau.

— Quelle date sommes-nous aujourd'hui ? demande Edmond.
— Le 28 février, répond Jacopo, l'un des marins.
— De quelle année ? demande encore Dantès.
— Comment ça de quelle année ? De l'année 1829, pardi !

Il y a quatorze ans, jour pour jour, Dantès était arrêté. Il avait dix-neuf ans, quand il est entré au château d'If. Aujourd'hui qu'il en est sorti, il en a trente-trois. Un douloureux sourire passe sur ses lèvres. Il se demande ce qu'est devenue Mercédès. Elle doit penser qu'il est mort. Puis il songe à Danglars, Fernand et Villefort. Un éclair de haine s'allume dans ses yeux. Sa vengeance sera terrible !

ACTIVITÉS

Après la lecture

Compréhension écrite et orale

1 DELF Écoutez et lisez le chapitre, puis indiquez si les affirmations sont vraies (V) ou fausses (F) ou on ne sait pas (?).

	V	F	?
1 Edmond veut mourir car il n'a plus d'espoir.	☐	☐	☐
2 L'abbé Faria est enfermé depuis une année.	☐	☐	☐
3 La cellule de l'abbé est plus grande que celle d'Edmond.	☐	☐	☐
4 L'abbé connaît mille livres par cœur.	☐	☐	☐
5 Ce sont la jalousie et l'ambition qui ont poussé Danglars à écrire la lettre.	☐	☐	☐
6 L'abbé connaît les mathématiques, la physique, l'histoire et quelques langues.	☐	☐	☐
7 L'abbé connaît l'anglais et l'espagnol.	☐	☐	☐
8 Le trésor renferme trois millions de monnaie romaine.	☐	☐	☐
9 Edmond a passé quatorze années au château d'If.	☐	☐	☐
10 Maintenant qu'il est libre, il veut faire la paix avec Fernand.	☐	☐	☐

2 DELF Écoutez et lisez le chapitre, puis indiquez la bonne réponse.

1 Edmond entend comme un bruit *d'éboulement / de la mer*.
2 Edmond constate *la présence / l'absence* d'un homme derrière le mur.
3 L'abbé porte une longue barbe *blanche / noire*.
4 Le trésor est dans l'angle le plus *sombre / éloigné* de la grotte.
5 Le cardinal Spada vivait à *Rome / Paris*.
6 Au bout d'un an d'études Edmond est déjà un *autre / vieil* homme.
7 Les gardiens jettent le sac à la mer avec *l'abbé / Edmond* dedans.
8 Dans l'eau, Edmond se libère du sac avec *ses dents / son couteau*.
9 Les *marins / gardiens* tirent Edmond de l'eau.
10 En sortant du château d'IF, Edmond a *dix-neuf / trente-trois* ans.

ACTIVITÉS

3 Lisez le texte, puis répondez aux questions.

1 Pourquoi Villefort a-t-il détruit la lettre adressée à M. Noirtier ?
　..
2 Pourquoi l'abbé regrette-t-il d'avoir éclairé Edmond sur sa vie ?
　..
3 Que demande Edmond à l'abbé ?
　..
4 Qui a caché un trésor sur l'île de Monte-Cristo ?
　..
5 Quels sont les sentiments de l'abbé Faria envers Edmond ?
　..
6 Pourquoi Edmond Dantès pleure-t-il ?
　..

Enrichissez votre vocabulaire

4 Les voyelles sont absentes. Retrouvez les mots grâce à leur définition.

1 Vérité incontestable : _ V _ D _ N C _
2 Perception d'une chose non réelle : H _ L L _ C _ N _ T _ _ N
3 Détention en prison : C _ P T _ V _ T _
4 Qualité de quelqu'un plein de volonté : D _ T _ R M _ N _ T _ _ N
5 Absence de connaissance : _ G N _ R _ N C _
6 Crédulité de quelqu'un sans expérience : N _ _ V _ T _
7 Action de se venger : V _ _ G _ _ N C _
8 Un kilogramme d'or : L _ N G _ T
9 Corps sans vie : C _ D _ V R _
10 Contraire de l'amour : H _ _ N _

ACTIVITÉS

5 Associez chaque mot ou expression à l'image correspondante.

a des cheveux blancs
b un cardinal
c un sourcil
d un rocher
e un rat
f un voilier

Grammaire

L'accord du participe passé avec l'auxiliaire *avoir*

Pour les verbes conjugués avec l'auxiliaire *avoir*, l'accord du participe passé, en genre et en nombre, se fait seulement si le complément d'objet direct (COD) précède le verbe.

L'abbé a passé neuf années dans ce cachot. → L'abbé **les** a pass**ées** dans ce cachot.

6 Remplacez le COD par le pronom qui convient, puis accordez le participe passé.

1. Edmond a perdu sa liberté.
   ....
2. L'abbé a étudié les langues.
   ....
3. La justice a condamné les criminels.
   ....
4. Faria a caché une feuille dans le mur.
   ....
5. Vous avez rencontré les victimes.
   ....
6. L'abbé a donné la clef du trésor.
   ....
7. Il a atteint l'île à la nage.
   ....
8. Ils ont repêché une personne.
   ....

Production orale

7 À l'oral. Vous êtes sur une île déserte avec une personne vraiment savante. Que voulez-vous apprendre avant tout ? Et vous, que pouvez-vous enseigner ?

CHAPITRE 5

Le trésor

Edmond Dantès a eu la chance d'être secouru en mer par des marins contrebandiers. Le capitaine de la *Jeune-Amélie*, le nom du bateau, l'engage dans son équipage sans lui poser de questions. Rappelons-nous qu'Edmond est un excellent navigateur.

Quelques jours plus tard, ils font escale à Livourne, en Italie. Edmond se rend chez le barbier, il y a quatorze ans qu'il ne s'est ni rasé ni coupé les cheveux et ni même regardé dans un miroir. Quand le barbier a fini son opération, Edmond observe le reflet de son visage. En se voyant, il sourit. Même son meilleur ami, si toutefois il lui reste un ami, ne pourra le reconnaître. Il ne se reconnaît pas lui-même. Ces quatorze années de prison l'ont profondément transformé.

CHAPITRE 5

Pendant plus de deux mois, Edmond navigue sur la Méditerranée à bord de la *Jeune-Amélie*. Quand un jour, le capitaine décide de faire étape au large de l'île de Monte-Cristo avant d'aller échanger des marchandises plus loin. C'est une occasion à ne pas manquer ! Sous prétexte d'aller chasser, Edmond débarque à Monte-Cristo, avec un fusil et une pioche.

— Je suis peut-être fou de croire à l'existence de ce trésor, se dit-il. Peut-être que quelqu'un est déjà venu le récupérer ?

Mais cependant, il suit avec précision les instructions de l'abbé Faria. Il découvre une première grotte. Il étudie les parois et s'aperçoit qu'une partie de la roche sonne creux. Avec sa pioche il pratique une ouverture et découvre une seconde grotte. Elle est vide comme la première.

— Le trésor s'il existe est enterré dans l'angle au fond, se dit-il. Alors, il s'avance et attaque le sol à grands coups de pioche. Au cinquième ou sixième coup, le fer résonne sur du fer. Il approche sa torche du trou pour se rendre compte.

— C'est un coffre en bois, cerclé de fer, se dit-il.

En un instant, il déblaie les alentours du coffre sur lequel est inscrit le nom « Spada ». Il l'attrape par les poignées et essaie de le soulever. Mais c'est une chose impossible. Il pèse beaucoup trop lourd. Alors il force la serrure et l'ouvre, plein d'émotion. Son contenu l'éblouit : le coffre est rempli d'or et de pierres précieuses.

Une semaine plus tard, Edmond Dantès débarque à Livourne. Il vend quelques-uns des petits diamants qu'il a pris avec lui et prend congé de l'équipage de la *Jeune-Amélie* à qui il fait croire qu'il vient de toucher un petit héritage. Avant de partir, il offre une barque toute neuve à Jacopo, le marin avec qui il avait lié

CHAPITRE 5

amitié. Il lui demande d'aller à Marseille pour s'informer sur Mercédès et sur son père. Puis, il lui donne rendez-vous sur l'île de Monte-Cristo. Ensuite, Edmond se rend à Gênes pour acheter un superbe yacht qu'il peut manœuvrer seul. Deux jours plus tard, il est de retour sur son île au trésor. Elle est déserte, personne ne semble y avoir abordé depuis qu'il en est parti. Dans la grotte, le trésor est toujours là ! Le lendemain, il transporte son immense fortune à bord du yacht et l'enferme dans des armoires secrètes.

Une semaine plus tard, Dantès observe un petit voilier qui aborde l'île. Il reconnaît la barque de Jacopo. Celui-ci lui apprend que le vieux Dantès est mort dans la misère et que Mercédès a disparu. Edmond décide de mettre le cap sur Marseille où il débarque grimé[1] sous les traits d'un lord anglais. Là, il apprend que Caderousse est devenu aubergiste dans le Midi.

Puis déguisé cette fois-ci sous les traits de l'abbé Busoni, un vieil abbé italien qui aurait confessé le prisonnier Edmond Dantès dans son cachot, il se rend chez Caderousse. En échange d'un diamant, Caderousse lui fait le récit de la dénonciation.

— C'est Danglars qui a écrit la lettre de la main gauche, et c'est Fernand qui l'a envoyée, raconte Caderousse.

— Mais, s'écrie l'abbé, vous étiez là, vous !

— C'est vrai, dit Caderousse d'une voix étouffée. Mais vous savez la politique en ces temps-là…, dit Caderousse la tête baissée. J'ai eu peur, j'ai été lâche.

— Je comprends, vous avez laissé faire, voilà tout.

---

1. **grimé** : maquillé, fardé.

Le trésor

Tout ce que raconte Caderousse correspond exactement à ce qu'avait deviné Faria ! Caderousse raconte aussi que Danglars est devenu un riche banquier, d'abord en Espagne grâce à l'expédition militaire des Français, puis en France grâce à d'habiles opérations souvent frauduleuses. L'ancien comptable du *Pharaon*, anobli par le roi, est aujourd'hui le baron Danglars et il vit à Paris. Fernand aussi vit à Paris. Officier dans l'armée, il s'est élevé et s'est enrichi en trahissant tour à tour tous ceux qu'il a servi. Il est devenu le comte de Morcerf.

— Et Mercédès, demande l'abbé, on m'a dit qu'elle avait disparu ?

— Disparue ! dit Caderousse. C'est à cette heure l'une des plus grandes dames de Paris.

— Elle aussi a fait fortune ? demande-t-il avec un sourire ironique.

— Comment ! s'exclame Caderousse. Mercédès aujourd'hui est la comtesse de Morcerf. Dix-huit mois après l'arrestation d'Edmond, et après la mort du vieux Dantès dont elle s'occupait, elle a épousé Fernand. Ils ont un fils du nom d'Albert.

L'abbé est pris d'un frisson.

— Et, quel rôle a joué l'armateur de Dantès dans toute cette triste affaire ? demande l'abbé.

— Le rôle d'un homme honnête, courageux et affectionné, monsieur. Vingt fois M. Morrel a essayé de sauver Edmond Dantès. Il rendait aussi des visites au vieux Dantès et quand ce dernier est mort, c'est lui qui a payé les dettes et l'enterrement.

— Et, demande l'abbé, ce M. Morrel, vit-il encore ?

— Oui, répond Caderousse, mais aujourd'hui, c'est un homme ruiné. Il a perdu cinq vaisseaux en deux ans. Il ne lui reste que le *Pharaon* qui doit revenir des Indes avec un précieux chargement. Si ce navire-là manque comme les autres, il est perdu.

CHAPITRE 5

— A-t-il des enfants ? demande l'abbé.

— Il a une fille qui devait épouser un homme qu'elle aimait, mais maintenant qu'elle est ruinée, la famille du prétendant refuse le mariage. Il a aussi un fils, lieutenant dans l'armée. Si M. Morrel était seul, il se suiciderait pour éviter le déshonneur de la faillite.

— C'est affreux ! murmure l'abbé.

Le lendemain à Marseille, un Anglais d'une trentaine d'années se présente chez M. de Boville, inspecteur des prisons.

— Je suis employé par la maison Thomson et French de Rome. Nous sommes en affaire avec la maison *Morrel et fils* de Marseille. Nous sommes inquiets. Je sais que vous avez engagé beaucoup d'argent dans cette maison.

— Deux cent mille francs, monsieur ! s'écrie M. de Boville. Si M. Morrel ne me rembourse pas demain, pour lui c'est la banqueroute[2] et le déshonneur.

— Monsieur, dit l'Anglais, la maison Thomson et French vous rachète sa dette.

Et l'Anglais tire de sa poche une grosse enveloppe de billets de banque.

— Quelle bonne nouvelle ! Que puis-je faire pour vous être agréable ? demande M. Boville.

— Vous êtes inspecteur des prisons ? demande l'Anglais.

— Depuis plus de quatorze ans.

— J'ai connu à Rome un abbé, l'abbé Faria. Je crois qu'il a été détenu au château d'If.

— Il est mort il y a six mois. Je m'en souviens très bien parce que ce jour-là un autre prisonnier est mort noyé en voulant s'échapper.

---

2. **banqueroute** : impossibilité de régler ses dettes, faillite.

Le trésor

— Comment s'appelait-il ? demande l'Anglais.
— Edmond Dantès, répond M. de Boville.
— Comme c'est intéressant ! Je serais curieux de voir leurs dossiers.
— Si cela vous fait plaisir, mais bien sûr ! Venez dans mon bureau.

L'Anglais consulte rapidement le dossier de l'abbé Faria. Puis il consulte celui d'Edmond Dantès. Tout y est : dénonciation, interrogatoire, pétition de M. Morrel et notes de M. de Villefort. La dernière stipule : « prisonnier à tenir au plus grand secret ». Le nom de Noirtier n'apparaît jamais. C'est bien pour sa carrière que Villefort a sacrifié Edmond Dantès. Avant de rendre le dossier, l'Anglais plie et met discrètement dans sa poche la dénonciation écrite par Danglars à l'auberge la Réserve. Cette enveloppe porte le timbre de la poste de Marseille, 27 février, levée de 6 heures du soir. Les lecteurs auront certainement deviné que c'est Edmond Dantès qui se cache sous les traits de l'Anglais.

Ensuite, sous le déguisement du mystérieux Simbad le Marin, Dantès sauve définitivement la maison Morrel et fils : comme par miracle, un navire marchand flambant neuf, identique au *Pharaon* qui avait sombré quelques semaines auparavant, arrive dans le port de Marseille. Et la fille de l'armateur reçoit un diamant afin qu'elle se marie.

ACTIVITÉS

Après la lecture

Compréhension écrite et orale

1 **DELF** Écoutez et lisez le chapitre, puis remettez les phrases dans l'ordre chronologique.

- a ☐ Caderousse avoue avoir été lâche.
- b ☐ Jacopo apprend à Edmond que son père est mort dans la misère.
- c ☐ Edmond charge le trésor dans son yacht.
- d ☐ Edmond se rend chez le barbier.
- e ☐ L'abbé Busoni apprend que Danglars est désormais baron.
- f ☐ Un navire semblable au *Pharaon* rentre dans le port de Marseille.
- g ☐ L'Anglais découvre les notes de Villefort dans le dossier.
- h ☐ Edmond est engagé sur la *Jeune-Amélie*.
- i ☐ Un Anglais rend visite à l'inspecteur des prisons.
- j ☐ Edmond apprend que Mercédès est mariée à Fernand.

2 Écoutez et lisez le chapitre, puis retrouvez le nom du personnage.

1. Il est aubergiste dans le Midi : ....
2. Il s'est enrichi grâce à des opérations financières malhonnêtes : ....
3. Il est devenu important en trahissant ceux qu'il servait : ....
4. Il a perdu cinq navires et il est ruiné : ....

3 Lisez le chapitre, puis retrouvez sous quel personnage se cache Edmond.

- a ☐ Il achète la confession de Caderousse.
- b ☐ Il subtilise la lettre de dénonciation écrite par Danglars.
- c ☐ Il rachète la dette de M. Morrel.
- d ☐ Il offre un diamant à la fille de M. Morrel.

1. Un Anglais employé par la maison Thomson et French.
2. Simbad le Marin.
3. L'abbé Busoni.

ACTIVITÉS

Enrichissez votre vocabulaire

4 Associez chaque mot à l'image correspondante et devinez à qui appartient chaque chose.

a   une redingote
b   une perruque blanche
c   une soutane
d   une paire de babouches
e   une montre à gousset
f   des boucles d'oreille

1

2

3

4

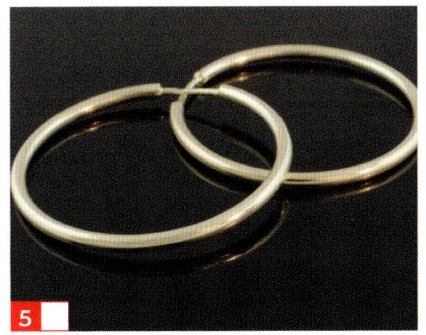
5

6

ACTIVITÉS

5 Trouvez l'intrus dans chaque liste et dites pourquoi.

1. yacht, charrette, voilier, barque, trois mats, bateau
2. grimer, déguiser, farder, maquiller, consulter, travestir
3. comtesse, comte, duc, duchesse, capitaine, prince
4. rocher, diamant, émeraude, saphir, rubis, jade

6 Complétez les mots croisés grâce aux définitions.

1. Ramassage du courrier.
2. Outil formé d'un fer allongé qui sert à creuser.
3. Personne qui tient auberge.
4. **Horizontal :** malhonnête et illégal.
   Vertical : quand on ne peut plus payer ses dettes.
5. Meuble de rangement.
6. Couler, pour un bateau.
7. Image dans un miroir.
8. Donner du travail à quelqu'un.
9. Bateau de plaisance.

Coin Culture

Les contes des *Mille et Une Nuits*

En créant le personnage de Simbad le marin, un mystérieux aventurier des mers, Alexandre Dumas fait référence à Sindbad le marin, un personnage d'un conte des *Mille et Une Nuits*.
Ces contes arabes sont à l'origine des

textes persans anonymes, mais on a perdu depuis longtemps les textes originaux. La plus ancienne trace est un fragment de manuscrit qui date du IXe siècle. Les *Mille et Une Nuits* sont composées de mille et une histoires racontées par une jeune femme, Shéhérazade : pour repousser une menace de mort qui pèse sur elle, elle commence chaque soir une histoire qu'elle ne peut terminer le matin. Du coup, le roi, curieux de connaître la fin, reporte chaque jour au lendemain l'exécution de Shéhérazade. Au début du XVIIIe siècles, les contes des *Mille et Une Nuits* sont traduits en français par Antoine Galland qui y ajoute de nouveaux récits d'origine syrienne : *Ali Baba et les quarante voleurs* et *Aladin et la lampe merveilleuse*.

7 Lisez et indiquez si les affirmations sont vraies (V) ou fausses (F).

V F

1. Alexandre Dumas connaissait les contes des *Mille et Une Nuits*. ☐ ☐
2. L'auteur des *Mille et Une Nuits* est très célèbre. ☐ ☐
3. La plus ancienne trace des *Mille et Une nuits* date du IIe siècle. ☐ ☐
4. Shéhérazade raconte chaque soir des histoires pour ne pas être tuée. ☐ ☐
5. Antoine Galland a traduit les textes en français. ☐ ☐
6. *Ali Baba* et *Aladin* sont des histoires ajoutées au IXe siècle. ☐ ☐

Dustin Hoffman et Steve McQueen dans *Papillon* de Franklin Schaffner (1973).

L'évasion

L'évasion est un thème courant chez Alexandre Dumas. S'échapper de prison, être plus intelligent que les gardiens et retrouver la liberté sont des idées qui fascinent les lecteurs. Surtout si l'histoire est authentique ! En 1969, Henri Charrière, avec son roman *Papillon*, raconte son évasion du bagne de Cayenne en Guyane. Ce livre connaît un très grand succès de librairie, le film dont il est tiré aussi. Un plan, une technique, des complices éventuels, une bonne dose de chance : tels sont les ingrédients d'une évasion réussie. En voici quelques-unes bien réelles.

La grande évasion

En 1943, durant la Seconde guerre mondiale, des aviateurs américains, australiens, britanniques, canadiens et polonais sont détenus dans le camp allemand Stalag Luft III. Pour fuir, ils creusent plusieurs tunnels à 10 mètres de profondeur. Très organisés, les prisonniers placent une pompe pour faire circuler de l'air frais dans les galeries. Ils installent aussi un système d'éclairage électrique et des rails pour transporter plus facilement la terre. Après 5 mois d'efforts, le 24 mars 1944, 76 prisonniers se lancent vers la liberté. Malheureusement, le tunnel est trop court. Un des prisonniers est repéré par un garde qui donne l'alerte. Seuls trois hommes vont parvenir à s'échapper. L'Australien, Paul Brickhill, témoigne de cette histoire dans son livre *La grande évasion* qui est adapté au cinéma.

Le « Houdini » anglais

Alfred George Hinds s'est évadé deux fois des prisons anglaises. Il est arrêté en 1953 pour un vol de bijoux, qu'il nie. Deux ans plus tard, il parvient à mémoriser la forme de la clé de sa cellule. Il la reproduit à l'identique, ouvre sa porte, escalade un mur de six mètres de haut et s'enfuit. La presse anglaise le surnomme alors « Houdini » en référence à Harry Houdini le célèbre magicien américain capable de faire disparaître un éléphant. De nouveau arrêté, Hinds porte plainte contre les officiers pour arrestation illégale. Arrivé au tribunal, il enferme ses deux gardes dans les toilettes grâce à une serrure installée par des complices.

Steve McQueen dans *La grande évasion* de John Sturges (1963).

Clint Eastwood dans *L'Évadé d'Alcatraz* de Don Siegel (1979).

L'évasion d'Alcatraz

On dit qu'à Alcatraz, l'île prison au large de San Francisco en Californie, il était impossible de s'évader. C'est d'ailleurs toujours la version officielle des autorités. Selon elles, aucune des quatorze tentatives n'a réussi : tous les candidats s'étant fait rattraper ou ayant été tués. Cependant, une évasion laisse planer le doute : au mois de juin 1962, trois détenus creusent un tunnel hors de leur cellule, scient des barreaux pour emprunter un tunnel d'aération, descendent le long d'un tuyau avant de passer une nouvelle barrière. Là, ils assemblent un radeau et se jettent à l'eau. Les autorités affirment que le trio est mort noyé, ou dévoré par les requins, dans la baie de San Francisco. Mais qui sait, Frank Morris et les deux frères Anglin ont peut-être réussi ? En tout cas, c'est ce que raconte le film avec Clint Eastwood.

L'amour donne des ailes

Michel Vaujour est un français condamné pour vols de banque. Il est surnommé « le roi de l'évasion », parce qu'il s'est échappé cinq fois. Son évasion la plus rocambolesque est celle du 26 mai 1986, depuis la Santé, une prison en plein cœur de Paris. Ce matin-là, il a reçu un message secret de sa femme Nadine : « L'amour donne des ailes ». Depuis dix mois, elle prend des cours de pilotage. Un peu avant 11h00, elle se présente à bord d'un hélicoptère, en vol stationnaire au-dessus de la cour. Une échelle de corde lancée et c'est la liberté pour son mari. Mais pas pour longtemps, car ils vont être arrêtés rapidement.

Compréhension écrite et orale

1 Lisez attentivement le dossier, puis indiquez si les affirmations sont vraies (V) ou fausses (F).

		V	F
1	L'évasion est un thème courant chez Alexandre Dumas.	☐	☐
2	Le bagne de Cayenne est en Bretagne.	☐	☐
3	Les 76 prisonniers du Stalag Luft III se sont tous échappés.	☐	☐
4	Selon les autorités, seules trois personnes ont réussi à s'évader d'Alcatraz.	☐	☐
5	Dans un film, Clint Eastwood s'évade d'Alcatraz.	☐	☐
6	Harry Houdini est un célèbre prisonnier américain.	☐	☐
7	Hinds a bénéficié de l'aide de complices.	☐	☐
8	Michel Vaujour a libéré sa femme qui était enfermée à la Santé.	☐	☐

CHAPITRE **6**

Les Morcerf

Le 21 mai 1838, à 10 heures, le vicomte Albert de Morcerf reçoit ses amis dans son pavillon, à Paris. Il y a parmi eux, un aristocrate réputé, le secrétaire du ministre de l'Intérieur, un célèbre journaliste, et un jeune capitaine de l'armée du nom de Maximilien Morrel. Albert veut leur présenter un personnage extraordinaire qu'il a connu à Rome : le comte de Monte-Cristo est attendu pour 10 heures 30.

— En février dernier, j'étais à Rome pour le carnaval, raconte Albert. Un soir des bandits m'ont enlevé et m'ont mené dans les catacombes de Saint-Sébastien, un endroit horrible. Leur chef, un certain Luigi Vampa, voulait quatre mille écus romains de rançon[1]. Hélas, j'étais à la fin de mon voyage et je n'avais pas cette somme

---

1. **rançon** : somme d'argent exigée pour libérer une personne kidnappée.

Les Morcerf

sur moi. Il menaçait de me tuer. J'ai fait envoyer une lettre à mon hôtel. Et c'est cet homme-là, le comte de Monte-Cristo, que j'avais rencontré quelques jours avant, qui m'a délivré, sans même verser de rançon. Quand il a vu le comte, Luigi Vampa s'est même excusé de m'avoir fait enlever.

— Je n'ai jamais entendu parler d'un titre de Monte-Cristo, dit l'aristocrate, incrédule.

— Monte-Cristo est une petite île, un grain de sable au milieu de la Méditerranée, intervient Maximilien Morrel. J'ai déjà entendu les marins de mon père en parler.

— Il est riche, votre comte ? demande le journaliste.

— Je le crois, répond Albert.

À ce moment-là, le domestique d'Albert de Morcerf annonce :
— Son Excellence le comte de Monte-Cristo !

Albert fait les présentations. En entendant le nom de Maximilien Morrel, le comte de Monte-Cristo retient sa surprise. Et tous passent à table. La conversation bat son plein. Le comte de Monte-Cristo fascine les invités. Ils veulent tous faciliter son installation parisienne.

— Vous venez juste d'arriver à Paris, dit Albert. Où allez-vous loger ? Je n'ose pas vous proposer mon logement, je vais bientôt me marier.

— Je vous félicite, dit Monte-Cristo à Albert.

— C'est n'est encore qu'un projet, mais mon père y tient. J'espère pouvoir bientôt vous présenter mademoiselle Eugénie Danglars.

— Eugénie Danglars ! reprend Monte-Cristo. Est-ce la fille du baron ?

CHAPITRE 6

— C'est exact ! Le connaissez-vous ? demande Albert.

— Je ne le connais pas encore, mais je vais bientôt faire sa connaissance parce que j'ai un crédit ouvert chez lui par la maison *Thomson et French* de Rome.

— Oh ! dit Maximilien Morrel, cette maison a rendu autrefois un service à la nôtre.

— Mais, dit Albert, revenons à notre sujet de conversation. Où allez-vous loger ?

— Je peux vous offrir un appartement dans un petit hôtel charmant, dit Maximilien.

— J'ai déjà mon habitation toute prête, dit Monte-Cristo. Mon fidèle serviteur, Ali, m'a trouvé une maison sur les Champs-Élysées.

— Une adresse très chic, remarque l'aristocrate. Il ne vous manque plus qu'une maîtresse.

— J'ai mieux que cela, dit Monte-Cristo, j'ai une esclave grecque que j'ai achetée à Constantinople.

— Vous savez, intervient le secrétaire, qu'en mettant les pieds sur le sol français, votre esclave est devenue libre ?

— Haydée est libre de me quitter. Elle, comme toutes les personnes qui m'entourent, ajoute le comte.

— Si vous voulez aller au théâtre, je peux vous avoir des entrées, propose le journaliste.

— Merci, monsieur, dit en souriant Monte-Cristo, mon intendant corse, le brave Bertuccio, m'a déjà loué une loge dans chacun d'entre eux.

À la fin du déjeuner, les invités saluent le vicomte et s'en vont. Monte-Cristo reste seul avec Albert qui veut le présenter à ses parents. Ils n'ont qu'à traverser une cour.

Les Morcerf

En entrant dans le salon de l'hôtel particulier, Monte-Cristo se trouve en face d'un homme aux cheveux presque blancs mais à la moustache bien noire. C'est le comte de Morcerf, Fernand Mondego pour ceux qui le reconnaissent.

— Monsieur est le bienvenu parmi nous, dit le comte de Morcerf en saluant Monte-Cristo. Vous avez sauvé notre fils. Je vous suis très reconnaissant.

Les deux hommes s'assoient et Monte-Cristo félicite Morcerf pour son courage et sa belle réussite militaire.

— Je peux vous emmener à la Chambre des pairs. C'est une curiosité pour celui qui ne connaît pas les sénateurs français, propose Morcerf.

— Une autre fois, avec plaisir. Aujourd'hui, j'aimerais mieux faire la connaissance de Mme la comtesse.

— Ah ! voici ma mère ! s'écrie Albert.

En se retournant, Monte-Cristo aperçoit Mme de Morcerf qui se tient à la porte, immobile et pâle. Mercédès était là depuis quelques instants et écoutait la conversation.

— Souffrez-vous, ma mère ? s'écrie Albert en s'élançant.

— Non… non, dit-elle. Je suis juste un peu troublée de rencontrer celui qui a sauvé la vie de mon fils. Monsieur, je vous remercie du fond du cœur.

Monte-Cristo s'incline, il est plus pâle que la comtesse. Puis il s'excuse auprès des Morcerf parce qu'il doit les quitter immédiatement pour procéder à sa nouvelle installation.

Restée seule avec son fils, la comtesse l'interroge sur cet homme mystérieux.

— Quel âge a le comte selon vous ? demande-t-elle.

— Il a trente-cinq ou trente-six ans, répond Albert, sûr de lui.

CHAPITRE 6

— Si jeune ! c'est impossible, dit Mercédès répondant en même temps à ce que lui dit son fils et à ce que lui dit sa propre pensée.

— Et cet homme est votre ami ?

— Je le crois. Il me plaît, même si on m'a dit de me méfier de lui parce qu'il a l'air d'un fantôme.

Les yeux de la comtesse se remplissent de terreur.

— Soyez prudent, Albert.

— Vous avez vu qu'avec mon père, ils se sont quittés les meilleurs amis du monde.

Puis Albert laisse sa mère qui semble endormie. Il pousse avec précaution la porte de sa chambre.

— Je savais que le comte de Monte-Cristo ferait sensation à Paris. Pour produire un tel effet sur ma mère, cet homme est vraiment remarquable, se dit tout bas Albert.

Un soir, le comte de Morcerf invite à l'opéra Eugénie Danglars, la baronne Danglars et son fils dans la loge du ministre de l'Intérieur dont il dispose. L'ancienne loge de l'ambassadeur de Russie est, elle, occupée par Monte-Cristo et Haydée vêtue d'un costume oriental. Elle est si belle et son costume d'une telle richesse que tous les yeux sont tournés vers elle.

Après le second acte, Albert de Morcerf vient chercher Monte-Cristo.

— Monsieur le comte, venez que je vous présente ma fiancée.

Un instant après Monte-Cristo salue le comte de Morcerf et fait la connaissance de la baronne Danglars et de sa fille Eugénie.

— Comme votre amie grecque est belle, monsieur le comte, dit Eugénie.

Puis, la baronne Danglars s'adresse au comte de Morcerf.

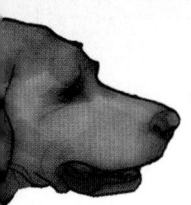

CHAPITRE 6

— En avez-vous vu d'aussi belles à la cour du pacha[2] Ali-Tebelin ?
— Que faisiez-vous à la cour du pacha ? demande Monte-Cristo, étonné.
— J'étais général des troupes du pacha, répond le comte de Morcerf.

À ce moment-là, Haydée cherche Monte-Cristo des yeux. Lorsqu'elle l'aperçoit dans la loge en compagnie du comte de Morcerf, elle pousse un faible cri et se rejette en arrière.
— On dirait que votre amie se sent mal, s'écrit Eugénie.
Monte-Cristo quitte rapidement la loge de la baronne Danglars. Quand il rentre dans la sienne, Haydée est encore très pâle et ses mains sont glacées.
— Qui est cet homme avec lequel tu parlais ? demande la jeune fille.
— C'est le comte de Morcerf. Il était au service de ton père, je crois.
— Au service de mon père ? C'est un traître ! Il a fait fortune en vendant mon père aux Turcs. Je ne peux pas supporter la vue de cet homme un instant de plus.

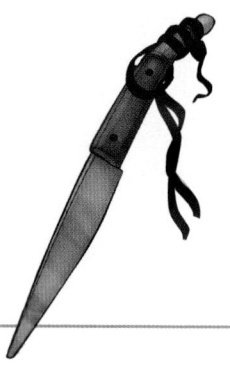

---

2. **pacha** : gouverneur de l'Empire ottoman.

ACTIVITÉS

Après la lecture

Compréhension écrite et orale

1 DELF Écoutez et lisez le chapitre, puis indiquez si les affirmations sont vraies (V) ou fausses (F).

		V	F
1	Albert de Morcerf fait la connaissance de Monte-Cristo à Paris.	☐	☐
2	Luigi Vampa est un bandit romain.	☐	☐
3	Maximilien Morrel est le fils de l'armateur marseillais.	☐	☐
4	Le comte de Monte-Cristo ne sait pas encore où il va habiter.	☐	☐
5	Le domestique d'Albert de Morcerf s'appelle Bertuccio.	☐	☐
6	Les amis d'Albert se désintéressent du comte de Monte-Cristo.	☐	☐
7	Le comte de Morcerf reconnaît Edmond Dantès.	☐	☐
8	La comtesse de Morcerf reconnaît Edmond Dantès.	☐	☐
9	Après sa rencontre avec Monte-Cristo, Mercédès va à l'opéra.	☐	☐
10	Haydée est la maîtresse de Monte-Cristo.	☐	☐
11	Haydée est la fille de Fernand.	☐	☐
12	Le comte de Morcerf dirigeait les troupes du pacha Ali-Tebelin.	☐	☐

2 Lisez attentivement le chapitre, puis répondez aux questions.

1 Qui sont les parents d'Albert de Morcerf ?
   ....
2 Qui est la fiancée d'Albert de Morcerf ?
   ....
3 Qui occupe la loge du ministre de l'Intérieur ?
   ....
4 Qui occupe l'ancienne loge de l'ambassadeur de Russie ?
   ....

Enrichissez votre vocabulaire

3 Associez les mots ou les expressions à leur signification.

a ☐ Les catacombes.
b ☐ Verser une rançon.
c ☐ La conversation bat son plein.
d ☐ Avoir des entrées pour le théâtre.
e ☐ Faire sensation en ville.
f ☐ Se sentir mal.

1 Payer une somme d'argent pour libérer quelqu'un.
2 Toutes les personnes parlent de lui.
3 Avoir des places gratuites pour le spectacle.
4 Faire un malaise.
5 Souterrains ayant servi d'ossuaire.
6 Ils parlent beaucoup.

4 Les voyelles sont absentes. Retrouvez les mots grâce à leur définition.

1 Maison individuelle située dans un parc : P _ V _ L L _ N
2 Personne qui rédige le courrier d'un autre : S _ C R _ T _ _ R _
3 Membre d'un gouvernement : M _ N _ S T R _
4 Qui ne croit pas quelque chose : _ N C R _ D _ L _
5 Personne non libre qui peut être vendue : _ S C L _ V _
6 Personne qui administre les affaires d'un particulier : _ N T _ N D _ N T
7 Membre d'une assemblée politique qui vote les lois : S _ N _ T _ _ R
8 Représentant d'un pays étranger : _ M B _ S S _ D _ _ R
9 Gouverneur de l'Empire ottoman : P _ C H _
10 Haut officier de l'armée : G _ N _ R _ L

ACTIVITÉS

5 Associez chaque mot à l'image correspondante.

- a la scène
- b le rideau
- c la corbeille
- d une loge
- e le balcon
- f les coulisses

ACTIVITÉS

Grammaire

Les pronoms relatifs *qui* et *que*

*Monte-Cristo reste seul avec Albert **qui** veut le présenter à ses parents. Albert veut leur présenter un personnage extraordinaire **qu'**il a connu à Rome.*

Les pronoms relatifs relient plusieurs phrases et évitent la répétition d'un sujet ou d'un complément déjà cité.

Le pronom relatif *qui* a une fonction de sujet. Il ne s'élide jamais.

*Albert laisse <u>sa mère</u> **qui** semble endormie.*

*La baronne Danglars assiste <u>au spectacle</u> **qui** a lieu à l'opéra.*

Le pronom relatif *que* a une fonction de complément. Il s'élide devant une *voyelle* ou un *h* muet.

*Mercédès revoit <u>l'homme</u> **qu'**elle a connu à Marseille.*

*C'est <u>le comte de Monte-Cristo</u> **que** j'ai rencontré à Rome.*

6 Complétez les phrases avec *qui*, *que* ou *qu'*.

1 Les catacombes .... sont à Rome sont terrifiantes.
2 Il ne reconnaît pas l'homme .... se fait appeler Monte-Cristo.
3 Je n'aime pas la pièce .... vous allez voir à l'opéra.
4 L'opéra .... j'aime est à Milan.
5 Albert est un jeune homme .... n'a pas besoin de travailler.
6 Il habite dans l'appartement .... il a trouvé sur les Champs-Élysées.
7 C'est la loge .... l'ambassadeur occupait la saison dernière.
8 C'est l'homme .... un général a vendu aux Turcs.

Production écrite et orale

7 À l'oral. Décrivez comment vous imaginez les catacombes de Saint-Sébastien.

8 DELF À l'écrit. Vous êtes journaliste. Albert de Morcerf vous a raconté son enlèvement. Faites-en un article sensationnel (160-180 mots).

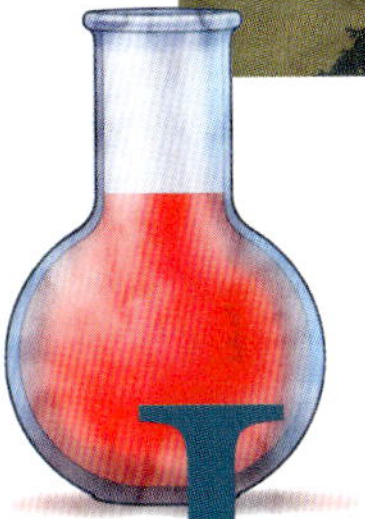

CHAPITRE 7
Les Villefort

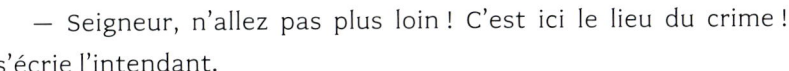

Le comte de Monte-Cristo s'offre aussi une maison de campagne, à Auteuil, près de Paris. Lorsqu'il la visite avec Bertuccio, son intendant, le comportement de ce dernier est surprenant. La sueur coule de son front. Ils parcourent le jardin. Arrivés près d'un massif d'arbre, Bertuccio s'arrête. Il n'en peut plus.

— Seigneur, n'allez pas plus loin ! C'est ici le lieu du crime ! s'écrie l'intendant.

— Mais enfin, expliquez-vous ! dit le comte d'un ton autoritaire.

— Je me suis déjà confessé il y a quelques années à l'abbé Busoni, celui-là même qui m'a recommandé à vous...

— Bertuccio, si vous ne m'en dites pas plus, je vais me passer de vos services.

— Oh, non, monseigneur ! s'écrie l'intendant, je vais tout vous raconter.

CHAPITRE 7

Le comte s'assoit sur un banc. Bertuccio reste debout devant lui.

— C'est dans cette maison qu'habitait le marquis de Saint-Méran. Sa unique fille était mariée avec monsieur de Villefort.

— Je connais les Corses, Bertuccio ! Il s'agit d'une histoire de vendetta, n'est-ce pas ?

— Oui… j'avoue, répond Bertuccio. Et c'est ici qu'elle s'est accomplie.

— Mais pourquoi vous êtes-vous vengé du marquis de Saint-Méran ? demande le comte.

— Je ne voulais pas me venger de lui, mais de l'infâme mari de sa fille, monsieur de Villefort.

— Racontez-moi toute l'histoire depuis le début, Bertuccio.

— C'était en 1815. Après la défaite de Napoléon, les royalistes faisaient assassiner les soldats qui avaient servi l'Empereur. Mon frère a été assassiné. Je suis allé voir le procureur Villefort et je lui ai demandé de retrouver les assassins de mon frère. C'était son rôle après tout ! Et vous savez ce qu'il m'a dit ? Il m'a dit que mon frère était un traître, puisqu'il avait servi Napoléon. Que c'était lui le véritable assassin ! « Monsieur, lui ai-je dit alors, je vous déclare la vendetta ! Et vous savez ce que cela veut dire pour un Corse ? Cela signifie, monsieur, que je vous tuerai ! ». Sur ces mots, je me suis enfui. À partir de ce jour-là, je l'ai suivi sans cesse. Il devait sentir ma présence, car partout où il allait, j'étais là, à quelques pas de lui. J'ai découvert qu'il venait souvent à Auteuil, dans cette maison, pour rencontrer sa maîtresse.

— Connaissez-vous le nom de cette femme ?

— Non, mais je sais que le beau-père de monsieur de Villefort, le marquis de Saint-Méran, louait cette maison à une jeune veuve.

Les Villefort

J'avais décidé d'accomplir ma vengeance dans cette maison, et j'attendais le bon moment. Je me suis rendu compte que la jeune femme que venait voir monsieur de Villefort était enceinte. Un soir, j'ai vu Villefort traverser le jardin. Il tenait une bêche dans une main et un petit coffre dans l'autre. Il s'est mis à creuser un trou. Puis, je me suis jeté sur lui avec mon poignard et j'ai crié : « Je suis Bertuccio ! Ta mort pour mon frère, ton trésor pour sa veuve ! Vendetta ! ». Je l'ai poignardé à la poitrine et il est tombé. Puis j'ai pris le coffre et je me suis enfui avec.

— Félicitations, vous êtes donc devenu à la fois criminel et voleur ! déclare le comte d'un ton ironique.

— Non, Excellence, c'était une vendetta, suivie d'une restitution.

— Y avait-il beaucoup d'argent dans le coffre ?

— Il n'y avait pas d'argent ! Il y avait… un nouveau-né !

— L'enfant du procureur et de cette jeune veuve, conclut pensif le comte.

— J'ai gardé l'enfant et je l'ai confié à la femme de mon frère. Quelle erreur ! Elle a élevé Benedetto comme son fils, mais plus elle était bonne avec lui, plus il devenait mauvais. Quelques années plus tard, il lui a volé tout son argent et elle en est morte, la pauvre femme ! Voilà pourquoi je souffre depuis que nous sommes entrés dans cette maison.

— Ne vous inquiétez pas, Bertuccio. Peut-être qu'un jour, vous serez vengé vous aussi.

***

Quelques jours plus tard, à Auteuil, les chevaux d'une calèche s'emballent. Le cocher[1] essaie de retenir les chevaux furieux, mais

---

1. **cocher** : conducteur d'une voiture à cheval.

CHAPITRE 7

c'est inutile. Dans la calèche, une jeune femme et un enfant de sept ans sont effrayés. Comme par hasard, Monte-Cristo et son serviteur assistent à la scène. Ali, rapide comme l'éclair, se jette sur un cheval et réussit à arrêter la voiture. Le comte emporte dans sa maison la mère et son fils évanouis et les dépose sur un canapé.

— Ne craignez plus rien, madame, vous êtes sauvée.

La femme reprend ses esprits.

— Édouard, mon fils ! s'écrie-t-elle en voyant l'enfant toujours évanoui.

Monte-Cristo fait un geste de la main pour calmer la mère et s'empare d'un flacon contenant une liqueur rouge dont il laisse tomber une goutte sur les lèvres de l'enfant. Édouard rouvre aussitôt les yeux.

— Vous avez sauvé la vie de mon fils chéri, s'écrie la femme. Qui êtes-vous, monsieur, que je vous remercie ?

— Je suis le comte de Monte-Cristo, pour vous servir, madame...

— ... Héloïse de Villefort. Mais dites-moi, vous préparez vous-même vos médicaments, monsieur le comte ? demande-t-elle intéressée.

— Oui, car j'ai étudié la chimie pour éviter de mourir empoisonné. Il s'agit d'habituer progressivement son corps au poison.

— Je connais. Si par exemple, on prend un milligramme de brucine[2] le premier jour, puis deux le second, au bout de vingt jours, on peut supporter une dose qui serait mortelle pour n'importe qui.

— Je vois, dit le comte, que les poisons n'ont pas de secret pour vous.

---

2. **brucine** : poison extrait d'un végétal.

CHAPITRE 7

Le soir même, M. de Villefort se présente avenue des Champs-Élysées, dans les appartements de Monte-Cristo. Ce dernier est dans sa bibliothèque, il consulte des livres de droit.

— Monsieur, dit Villefort avec le ton grave du procureur qui ne le quitte jamais, je vous remercie pour le service que vous avez rendu à ma femme et à mon fils.

— Monsieur, répond le comte avec une froideur glaciale, je suis heureux d'avoir pu rendre une mère heureuse.

— Vous vous occupez de droit, monsieur ? demande le procureur.

— Je m'intéresse à l'espèce humaine, répond Monte-Cristo.

— J'espère que nous allons apprendre à nous connaître, dit Villefort. Ma maison vous est ouverte. Adieu, monsieur.

* * *

Intéressons-nous encore une fois à M. de Villefort, et en particulier, à la composition de sa famille qui vit dans une riche demeure de la rue du faubourg Saint-Honoré.

Le procureur est veuf, sa première femme, Renée de Saint-Méran, est morte. Leur fille Valentine est l'unique héritière du marquis et de la marquise de Saint-Méran, ses grands-parents, qui voudraient qu'elle épouse un certain baron Franz d'Épinay.

Après la mort de sa première épouse, M. de Villefort s'est remarié. Les lecteurs viennent de faire la connaissance d'Héloïse de Villefort et de son fils, Édouard.

En plus de ces gens-là, le père du procureur, M. Noirtier, vit dans un appartement de l'hôtel du faubourg Saint-Honoré. Et oui, chers lecteurs, celui-là même dont le nom et l'adresse sur une enveloppe ont causé la perte et l'enfermement d'Edmond Dantès ! Mais aujourd'hui, le vieil homme ne peut plus faire de tort à son fils : presque totalement paralysé, il passe ses journées dans un

Les Villefort

fauteuil roulant, aidé par Barrois, son vieux domestique. Il ne s'exprime plus qu'en bougeant les paupières. Un clignement d'œil pour un « oui », deux pour un « non ».

Un jour, M. de Villefort annonce à son père, M. Noirtier, le mariage prochain de Valentine avec le baron d'Épinay.
— Mon père, vous devez penser au bonheur de votre petite-fille. Oubliez le conflit qui vous opposait au père de Franz. Il est mort mystérieusement en 1815. Ce mariage sera aussi le moyen de faire taire ces soupçons[3] qui pesaient sur vous.

M. Noirtier adore sa petite fille Valentine, et c'est réciproque. Il lui fait comprendre que ce mariage ne lui plaît pas et elle lui avoue, de son côté, qu'elle aime un autre jeune homme du nom de Maximilien Morrel. M. de Noirtier s'engage à tout faire pour l'aider.

3. **soupçon** : opinion défavorable sur quelqu'un, mais sans preuves précises.

ACTIVITÉS

Après la lecture

Compréhension écrite et orale

1 **DELF** Écoutez et lisez le chapitre, puis choisissez la bonne réponse.

1. Le comte de Monte-Cristo s'offre une maison de campagne
   - a ☐ à Auteuil.
   - b ☐ aux Champs-Élysées.

2. Bertuccio a déclaré la vendetta au
   - a ☐ procureur Villefort.
   - b ☐ marquis de Saint-Méran.

3. Le frère de Bertuccio a été assassiné par les
   - a ☐ bonapartistes.
   - b ☐ royalistes.

4. Dans le coffre, il y avait
   - a ☐ de l'argent.
   - b ☐ un nouveau-né.

5. La calèche d'Héloïse de Villefort est arrêtée par
   - a ☐ Ali.
   - b ☐ Monte-Cristo.

6. La brucine est un
   - a ☐ vin doux.
   - b ☐ poison.

7. M. de Noirtier est
   - a ☐ paralysé.
   - b ☐ en pleine forme.

8. Valentine de Villefort aime
   - a ☐ Maximilien Morrel.
   - b ☐ Franz d'Épinay.

ACTIVITÉS

2 Choisissez la phrase qui correspond à l'histoire.

1. a ☐ Bertuccio connaît déjà la maison d'Auteuil.
   b ☐ Bertuccio n'a jamais mis les pieds dans le jardin de la maison d'Auteuil.

2. a ☐ Après Waterloo, les soldats napoléoniens ont assassiné des royalistes.
   b ☐ Après Waterloo, les royalistes ont assassiné des soldats napoléoniens.

3. a ☐ Le procureur Villefort vivait dans la maison d'Auteuil.
   b ☐ Le procureur Villefort rencontrait sa maîtresse dans la maison d'Auteuil.

4. a ☐ C'est vraiment un hasard si Monte-Cristo et Ali sauvent Héloïse et son fils.
   b ☐ Monte-Cristo a organisé le sauvetage d'Héloïse et son fils pour rencontrer Villefort.

5. a ☐ Valentine est l'héritière directe du marquis et de la marquise de Saint-Méran.
   b ☐ Valentine et son frère sont les héritiers directs du marquis et de la marquise de Saint-Méran.

6. a ☐ M. Noirtier s'exprime en clignant des yeux.
   b ☐ M. Noirtier s'exprime en écrivant avec une plume.

7. a ☐ On a soupçonné M. Noirtier d'être mêlé à la mort mystérieuse du père de Franz.
   b ☐ M. Noirtier était l'ami du père de Franz.

8. a ☐ M. Noirtier veut que sa petite fille épouse le baron d'Épinay.
   b ☐ M. Noirtier veut que sa petite fille épouse Maximilien Morrel.

ACTIVITÉS

3 Lisez attentivement le chapitre et complétez l'arbre généalogique de la famille de M. de Villefort en plaçant les noms qui suivent.

> jeune veuve   M. Noirtier   Édouard de Villefort   Benedetto
> Renée de Saint-Méran   marquise de Saint-Méran
> Valentine de Villefort   marquis de Saint-Méran   Héloïse de Villefort

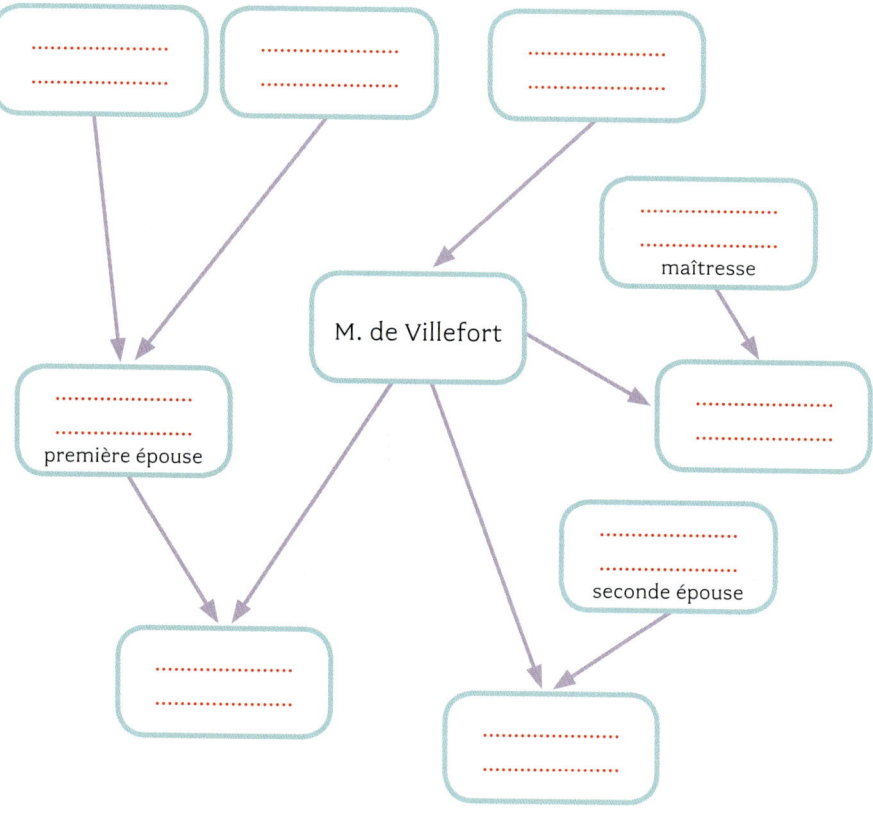

ACTIVITÉS

Enrichissez votre vocabulaire

4 Associez chaque mot à l'image correspondante.

a une bêche
b un nouveau-né
c une calèche
d un canapé
e un flacon
f un fauteuil roulant

 1
 2
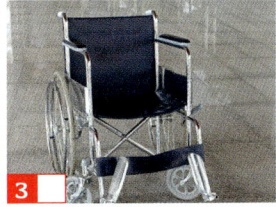 3
 4
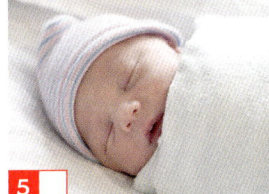 5
 6

Projet Internet

5 L'intendant du comte de Monte-Cristo vient de Corse. Connaissez-vous cette île ? Faites une recherche sur Internet pour répondre aux questions. Vous pouvez chercher sur les sites encyclopédiques, mais aussi du côté des sites des offices de tourisme de Corse.

1 Où est située cette île ?
2 Depuis quand est-elle française ?
3 Un personnage célèbre est né en Corse. Il est plusieurs fois cité dans le roman *Le Comte de Monte-Cristo*. Qui est-il ?
4 Quelle sont les spécialités culinaires de l'île ?
5 Quelle(s) langue(s) parle-t-on en Corse ?
6 Quelles sont les deux villes principales de l'île ?
7 Quel est le surnom de la Corse ?
8 Comment se rend-on en Corse ? Par quels moyens de transport ?

CHAPITRE **8**

Les Danglars

L'ancien comptable du *Pharaon*, est un banquier important, nommé baron, comme nous l'avait appris Caderousse. Il est aussi député à la Chambre. Il vit avec sa femme, la baronne, et sa fille, Eugénie, promise à Albert de Morcerf, que les lecteurs ont déjà rencontrées à l'opéra.

Dès le lendemain matin de l'installation de Monte-Cristo aux Champs-Élysées, le baron Danglars s'est présenté à la porte. Mais Monte-Cristo a fait savoir qu'il n'était pas disponible et Danglars était reparti, vexé, à la Chambre des députés.

— Puisque qu'il a crédit sur ma banque, il devra bien me solliciter quand il voudra de l'argent, s'est-il dit.

L'après-midi, Monte-Cristo se présente lui-même chez Danglars.

Les Danglars

— Monsieur, si ces sommes sont trop importantes pour votre banque, j'irai m'adresser à d'autres, affirme Monte-Cristo.

— Bien ! Six millions par an ! répond Danglars. C'est une somme très importante, mais comme vos références sont excellentes, je suis à votre entière disposition. Vous n'êtes pas un client comme les autres, monsieur le comte.

Maintenant, Monte-Cristo va tout mettre en œuvre pour détruire la fortune de Danglars. Deux jours plus tard, le comte se rend à Montlhéry, à une trentaine de kilomètres de Paris. Il se rend au bureau du télégraphe.

— Cher monsieur, dit-il au télégraphiste, comprenez-vous les signes que vous transmettez ?

— Absolument pas, sauf les signes élémentaires, comme les pauses, par exemple.

— Combien d'argent gagnez-vous par an ?

— Une misère, mon brave monsieur, et quand je serai à la retraite, je n'aurai même pas de quoi m'offrir une petite maison pour me reposer.

— J'ai une proposition intéressante à vous faire, dit Monte-Cristo en sortant des billets de banque de son portefeuille. Je vous offre cette belle somme d'argent pour acheter une maison avec un terrain. Et je vous assure aussi de quoi vivre jusqu'à la fin de vos jours.

— Mon rêve ! Et que dois-je faire en échange ?

Le comte prend une feuille de papier dans sa poche.

— Il s'agit seulement de changer les signes qui vous sont transmis par votre correspondant de droite par ceux qui sont écrits ici.

Le télégraphiste se laisse facilement convaincre. Satisfait de sa petite visite à Montlhéry, le comte de Monte-Cristo rentre chez

CHAPITRE 8

lui. Les effets du « faux » télégramme ne se font pas attendre : le ministère de l'Intérieur reçoit la nouvelle que le roi d'Espagne s'est échappé de Bourges et qu'il rentre en Espagne pour récupérer son trône. Un ami de Danglars qui travaille au ministère informe immédiatement le baron. Celui-ci vend aussitôt, à bas prix, la totalité de ses actions espagnoles qui devraient perdre toute leur valeur. Danglars est satisfait d'avoir pu vendre à temps. Quand, par le journal du soir, les autres banquiers apprennent la nouvelle de la fuite du roi d'Espagne, ils se croient déjà ruinés.

Cependant, le lendemain, on lit dans le journal :
« Le roi d'Espagne n'est pas revenu sur le trône. C'était une erreur du télégraphe. »
Au final, Danglars perd une grande partie de sa fortune dans cette opération.

* * *

Le lendemain, la maison de campagne d'Auteuil est enfin prête. Le comte de Monte-Cristo y invite à dîner certaines de ses connaissances parisiennes. Maximilien Morrel, le fils de l'armateur, arrive le premier. Le comte le considère et l'aime comme s'il était son fils. Lorsque Mme Danglars découvre la maison, elle pâlit. Son mari, lui, est encore bouleversé par ses pertes financières. Viennent ensuite M. et Mme de Villefort. Enfin arrivent deux nouvelles connaissances : il s'agit du major Cavalcanti, un prince italien que Monte-Cristo a sauvé de la misère, et de son soi-disant fils Andrea, un jeune homme à qui Monte-Cristo a demandé de jouer le rôle du riche héritier à la recherche d'une épouse. Ces deux-là, qui ne se connaissaient pas, obéissent fidèlement au comte de Monte Cristo.

CHAPITRE 8

Avant de passer à table, l'intendant Bertuccio appelle son maître dans la cuisine.

— Que voulez-vous, monsieur Bertuccio ? demande Monte-Cristo.

— Combien y a-t-il d'invités, Excellence ?

— Comptez vous-même.

Bertuccio glisse son regard à travers la porte entrouverte. Monte-Cristo l'observe.

— Ah ! mon Dieu ! s'écrie Bertuccio, cette femme blonde avec les diamants...

— Mme Danglars ?

— Je ne sais pas comment on la nomme, mais c'est elle la femme qui était enceinte ! Celle qui était avec...

— Qu'y a-t-il Bertuccio ?

— Mais c'est Villefort qui est là ! s'écrie Bertuccio. Je ne l'ai donc pas tué ?

— Il faut croire qu'il a survécu à ses blessures. Avez-vous compté tous les invités ?

Cette fois le regard de Bertuccio s'arrête sur Andrea Cavalcanti, il est pris de panique, mais le visage sévère de Monte-Cristo l'empêche de crier.

— Benedetto ! murmure Bertuccio tout bas, fatalité !

Le dîner est grandiose et les invités sont conquis par la richesse des plats. À la fin du dîner, Monte-Cristo invite tous ses convives à visiter la maison.

— Nous aussi, nous devons y aller, dit tout bas M. de Villefort à Mme Danglars.

Le comte s'arrête devant une porte et s'adresse à ses invités :

— Cette chambre est particulièrement intéressante. On dit qu'un drame y a eu lieu. J'ai donné ordre de ne pas la refaire, elle est intacte.

Les Danglars

Mme Danglars est prise de tremblements.

— Reprenez-vous, murmure M. de Villefort à l'oreille de Mme Danglars.

Tous les invités, à l'exception du baron Danglars et du major Cavalcanti sortis dehors pour s'entretenir d'un projet de chemin de fer, pénètrent dans la pièce. Elle est vraiment sinistre.

— On dirait qu'un crime a été commis ici ! s'exclame Mme de Villefort.

Mme Danglars sort brusquement de la pièce.

— Mme Danglars a raison. Quittons ce lieu lugubre et allons dans le jardin, propose Monte-Cristo. Je suis d'accord avec Mme de Villefort. Moi aussi, je crois qu'un crime a été commis dans cette maison.

Monte-Cristo entraîne tout le monde dans le jardin où l'on retrouve M. Danglars en conversation avec le major Cavalcanti. Le comte prend alors le bras de Mme Danglars et celui de M. de Villefort.

— Savez-vous que mes jardiniers, dit Monte-Cristo en frappant la terre du pied, ont découvert ici un coffre avec le squelette d'un nouveau-né. Je pense que cet enfant a été enterré vivant ! ajoute Monte-Cristo.

Le bras de Mme Danglars se raidit et le poignet de Villefort frémit.

— Pourquoi dire que cet enfant a été enterré vivant ? demande Villefort.

— C'est simple, s'il était mort, pourquoi n'a-t-il pas eu droit à un cimetière ? dit le comte.

— Que fait-on à ceux qui tuent les nouveau-nés ? demande le major.

— On leur coupe le cou ! N'est-ce pas, M. de Villefort ? dit le comte.

CHAPITRE 8

— Oui, monsieur, répond celui-ci avec un accent inhumain.

Puis le procureur se tourne discrètement vers Mme Danglars :

— Il faut que je vous parle, lui dit-il tout bas.

Le dîner de Monte-Cristo à la maison d'Auteuil n'a pas eu le même effet sur tout le monde. M. Danglars, qui a perdu la veille beaucoup d'argent, a été charmé par le major Cavalcanti. Si lui, Danglars, mariait sa fille Eugénie à Andrea Cavalcanti, ce serait une fructueuse opération financière. Bien meilleure qu'avec Albert de Morcerf !

Le lendemain, Mme Danglars se rend discrètement au cabinet du procureur.

— Monte-Cristo est un menteur, affirme Villefort. Il n'a pas pu trouver de coffre et encore moins de squelette à l'intérieur. Parce que, vous l'ignoriez, mais cette nuit-là, mon agresseur est parti avec le coffre.

— Mon enfant est vivant ! s'écrie Mme Danglars en larmes.

— Peut-être ! Je me demande vraiment pourquoi Monte-Cristo a menti.

ACTIVITÉS

Après la lecture

Compréhension écrite et orale

1 DELF Écoutez et lisez le chapitre, puis indiquez si les affirmations sont vraies (V) ou fausses (F).

		V	F
1	Le baron Danglars est reçu chez Monte-Cristo dès sa première visite.	☐	☐
2	Monte-Cristo donne de l'argent au télégraphiste pour qu'il émette un faux message.	☐	☐
3	Le roi d'Espagne s'est vraiment échappé de Bourges.	☐	☐
4	Le major Cavalcanti est redevable envers Monte-Cristo.	☐	☐
5	Monte-Cristo sait qui est vraiment Andrea Cavalcanti.	☐	☐
6	Bertuccio ne reconnaît pas la maîtresse de Villefort.	☐	☐
7	Bertuccio est un meurtrier parce qu'il a commis un assassinat.	☐	☐
8	La maison d'Auteuil est entièrement refaite à neuf.	☐	☐
9	Mme Danglars pâlit en reconnaissant la maison d'Auteuil.	☐	☐
10	Les infanticides sont guillotinés.	☐	☐
11	Le baron Danglars n'a pas aimé le major Cavalcanti.	☐	☐
12	Le procureur ne s'intéresse pas aux mensonges de Monte-Cristo.	☐	☐

2 Écoutez et lisez le chapitre, puis retrouvez le nom du personnage.

1. Qui reçoit dans sa maison de campagne ?
2. Qui est le vrai père d'Andrea Cavalcanti ?
3. Qui est la vraie mère de Benedetto ?
4. Qui voudrait arranger ses problèmes financiers en mariant sa fille ?

ACTIVITÉS

Enrichissez votre vocabulaire

3 Associez chaque mot à l'image correspondante.

a le télégraphe de Chappe
b le téléphone fixe
c le téléphone portable
d la radio
e la télévision
f Internet

1

2

3

4

5

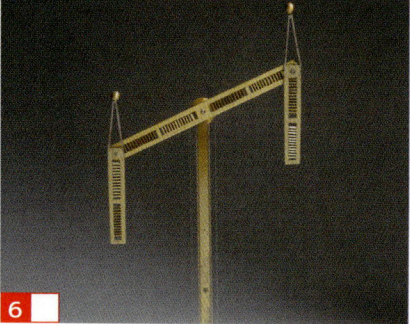
6

ACTIVITÉS

4 Complétez les mots croisés grâce aux définitions.

1. Restes osseux d'un individu mort.
2. Lieu où l'on enterre les morts.
3. Qui est très facile.
4. Demander quelque chose à quelqu'un.
5. Qui procure un grand bénéfice.
6. Quand une personne se retire de la vie active.
7. Ville française où est retenu le roi d'Espagne.
8. Trembler.

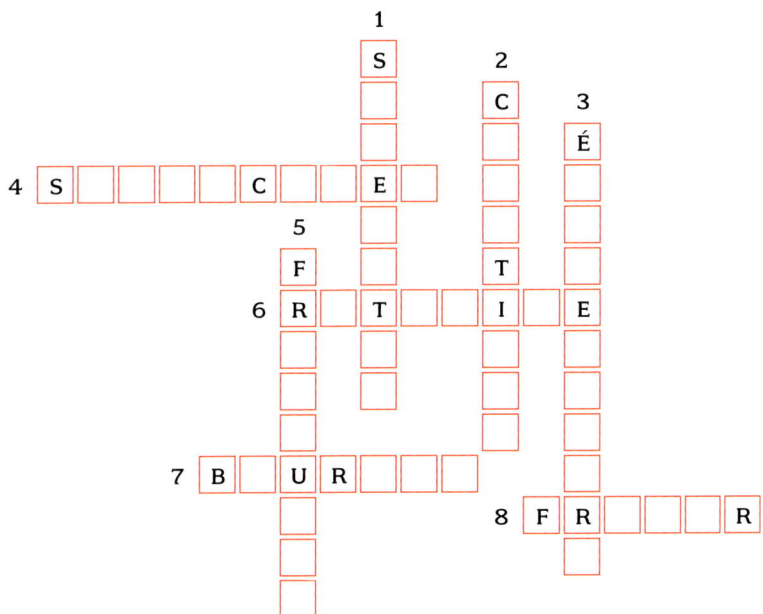

ACTIVITÉS

piste 06

5 DELF Écoutez l'enregistrement et dites si les affirmations sont vraies (V) ou fausses (F).

		V	F
1	Claude Chappe est un ingénieur.	☐	☐
2	Le télégraphe de Chappe est inauguré entre Paris et Marseille.	☐	☐
3	Le télégraphe de Chappe est électrique.	☐	☐
4	Les relais sont des tours situées en hauteur pour être bien vues.	☐	☐
5	Les bras articulés des tours transmettent des messages.	☐	☐
6	Quand un opérateur veut transmettre un message, il téléphone à l'opérateur suivant.	☐	☐
7	Le télégraphe de Chappe est opérationnel 24 heures sur 24.	☐	☐
8	Le télégraphe de Chappe est un système de télécommunications.	☐	☐

Production écrite et orale

6 DELF À l'oral. Monte-Cristo fait parvenir une fausse information avec le télégraphe. Organisez un débat entre vous pour discuter de ce que c'est qu'une fausse information sur Internet, comment la vérifier et comment s'en protéger.

CHAPITRE **9**

L'étau[1] se resserf

Depuis le dîner de la maison d'Auteuil, le procureur du roi, M. de Villefort, ne dort plus la nuit. Il doit absolument découvrir de quelle façon Monte-Cristo a appris l'histoire du coffre enterré. Il écrit alors à un certain M. de Boville, ancien inspecteur des prisons et désormais à la tête des renseignements généraux de la police. Deux jours plus tard, il reçoit la note suivante :

« La personne que l'on appelle M. le comte de Monte-Cristo est connue particulièrement de l'abbé Busoni, un prête italien de grande valeur. Celui-ci est en ce moment à Paris. La personne en question est aussi connue de Lord Wilmore, un riche étranger, qui est également en ce moment à Paris. »

---

1. **étau** : outil formé de deux mâchoires qui se serrent pour tenir un objet.

CHAPITRE 9

M. de Villefort se rend aussitôt chez l'abbé Busoni.
— Connaissez-vous M. le comte de Monte-Cristo ? demande-t-il.
— Vous voulez dire M. Zaccone ? dit l'abbé avec un fort accent italien.
— Zaccone ! Ne s'appelle-t-il pas Monte-Cristo ?
— Monte-Cristo est le nom de son comté, mais c'est le même homme.
— Le connaissez-vous ?
— Oui, c'est le fils d'un armateur de Malte que j'ai bien connu.
— Pouvez-vous me parler des aventures de jeunesse de Monte-Cristo ?
— Je crois qu'il a fait la guerre dans la marine.
— Mais d'où vient ce titre de comte ? demande Villefort.
— Le Pape l'a anobli en récompense des grands services qu'il a rendu aux chrétiens d'Orient.
— Savez-vous dans quel but il a acheté une maison à Auteuil ?
— Tout à fait, il s'est adressé à moi avant d'arriver en France car il n'y avait jamais mis les pieds. Il compte y faire une institution de charité.
— C'est un homme très charitable... Mais enfin, il a bien des ennemis ?
— Je n'en connais qu'un seul, Lord Wilmore.
— Peut-il me donner des renseignements ?
— Tout à fait, ils étaient tous les deux en Inde à la même époque.

Puis Villefort se rend à l'hôtel de Lord Wilmore.
— Nous avons combattu l'un contre l'autre en Inde, raconte l'Anglais. Puis je sais qu'il a combattu avec les Grecs et c'est là qu'il a fait fortune, en découvrant une mine d'argent.
— Savez-vous pourquoi il venu en France ? demande Villefort.

CHAPITRE 9

— Il veut spéculer sur les chemins de fer.
— Savez-vous pourquoi il a acheté la maison d'Auteuil ?
— Le comte est un spéculateur qui se ruinera certainement en utopies[2]. Il croit qu'il y a sous cette maison une source d'eau minérale. Il veut y installer une station thermale. Mais, je ne lui souhaite pas de réussir.
— Pourquoi lui en voulez-vous ?
— Pour une affaire de femmes.

Cette nuit-là, le procureur s'endort enfin. Cette double visite ne lui a rien appris de rassurant, mais elle ne lui a rien appris non plus d'inquiétant.

Éclairons un peu l'esprit de nos lecteurs. Ils se souviendront que, près de dix ans en arrière, l'abbé Busoni rendait visite à Caderousse, l'ancien voisin d'Edmond Dantès, et lui offrait un diamant en échange du récit de la dénonciation du jeune marin. Peu de temps après, Caderousse tuait le bijoutier à qui il avait vendu son diamant. Pour cet assassinat, un autre homme fut arrêté, le Corse Bertuccio. L'abbé Busoni le confessa et apprit ainsi la vendetta d'Auteuil. Quelques temps plus tard, Caderousse fut arrêté et avoua son crime. On relâcha Bertuccio et Caderousse fut condamné aux galères à vie. L'abbé Busoni suivait toujours l'affaire. Il découvrit que le jeune bagnard[3] auquel Caderousse était enchaîné n'était autre que Benedetto, le fils adoptif de Bertuccio. Quelques temps plus tard, un certain Lord Wilmore aidait Benedetto à s'échapper. Caderousse en profita aussi. Rappelons à ceux de nos lecteurs qui

---

2. **utopie** : projet impossible à réaliser.
3. **bagnard** : un prisonnier enchaîné.

L'étau se resserre

seraient un peu distraits, qu'Edmond Dantès, l'abbé Busoni, Lord Wilmore et Monte-Cristo ne sont qu'une seule et même personne…

* * *

Le marquis et la marquise de Saint-Méran se rendent à Paris pour le mariage de leur petite-fille, Valentine de Villefort, avec le baron Franz d'Épinay. Mais le marquis de Saint-Méran meurt mystérieusement durant le voyage. La marquise tombe aussi très malade. En voyant sa grand-mère si faible, Valentine n'a pas le courage de lui confier qu'elle aime Maximilien Morrel. D'ailleurs, la marquise méprise tous ceux qui ne sont pas nobles. Comment pourrait-elle accepter que sa petite-fille épouse le fils d'un armateur ? Valentine se résout donc à épouser le jeune baron.

La marquise de Saint-Méran meurt juste avant la noce. En constatant le décès, le médecin de la famille demande à parler à M. de Villefort en privé.

— Mme de Saint-Méran a été empoisonnée, affirme le médecin.

— Mais, c'est impossible ! Docteur, vous vous trompez !

— Je n'ai aucun doute, c'est un empoisonnement.

— Il n'y a pas de meurtrier dans ma maison !

— Quelqu'un avait-il intérêt à la voir mourir ? demande le médecin.

— Mais non, mon Dieu ! Valentine est sa seule héritière…

— M. le procureur, dit le médecin, je n'accuse personne. Je sais tenir un secret, mais informez-vous. Et quand vous aurez trouvé le coupable, vous êtes magistrat, vous ferez ce que vous voudrez.

— Je vous remercie cher docteur pour votre discrétion et pour votre compréhension. Je vais enquêter sur cette malheureuse disparition.

CHAPITRE 9

Deux jours plus tard, dans le salon des Villefort, le notaire établit le contrat de mariage entre Valentine et Franz d'Épinay. Au moment de la signature, le domestique de M. Noirtier, Barrois, interrompt la séance :

— M. Noirtier désire parler à M. Franz d'Épinay.

— M. d'Épinay ne peut pas partir maintenant ! se scandalise Villefort.

— Laissez, dit Franz, je vais me présenter à M. Noirtier.

Tout le monde se rend alors dans l'appartement de M. Noirtier. Barrois donne un document à Franz d'Épinay que ce dernier lit à voix haute :

« Le 5 février 1815, le général d'Épinay est mort au cours d'un duel loyal avec le président du club bonapartiste de la rue Saint-Jacques. Son corps a été jeté à la Seine. »

— Mais qui est ce président qui a tué mon père, interroge Franz, paniqué par le souvenir.

— Moi ! fait comprendre M. Noirtier du regard.

Franz se laisse tomber dans un fauteuil. M. de Villefort enrage. Le mariage est annulé.

* * *

Chez les Danglars, on souhaite désormais que la fille Eugénie épouse Andrea Cavalcanti. Cela arrangerait les finances de M. Danglars. Ce dernier se confie à Monte-Cristo. Mais comment annuler le mariage avec le vicomte de Morcerf ? Monte-Cristo suggère de faire fouiller dans le passé du comte de Morcerf, en particulier lorsque celui-ci était général du pacha Ali-Tebelin. Quelques temps plus tard, un premier article dans la presse dévoile la haute trahison d'un officier français, un certain Fernand.

* * *

L'étau se ressert

Entre temps, Caderousse a retrouvé Benedetto alias Andrea Cavalcanti. Rappelons-nous que lord Wilmore les avait fait s'évader. Et qu'ensuite, Monte-Cristo a engagé Benedetto pour jouer le rôle d'Andrea Cavalcanti. Donc, un soir, Caderousse oblige Benedetto à cambrioler avec lui la maison du comte de Monte-Cristo, sinon il racontera à Danglars qui est vraiment Andrea Cavalcanti. Mais le cambriolage tourne mal et ils s'échappent. Avant de fuir, Benedetto poignarde Caderousse trois fois à la poitrine.

— À l'assassin ! Je meurs ! crie Caderousse ensanglanté devant la maison.

— Bonsoir, cher monsieur Caderousse, dit soudainement l'abbé Busoni.

— L'abbé Busoni ! crie faiblement Caderousse.

— Tu as bonne mémoire, voilà dix ans que nous ne nous sommes pas vus.

— Sauvez-moi, monsieur l'abbé, je vais mourir.

Caderousse se tord de douleur, le sang coule de ses lèvres.

— Je ne suis pas l'abbé Busoni, dit Monte-Cristo en retirant sa perruque. Cherche dans tes souvenirs. Tu m'as connu autrefois.

— Mais si vous m'avez connu, pourquoi me laissez-vous mourir ?

Alors le comte s'approche du mourant. Il lui parle tout bas à l'oreille, comme s'il avait peur lui-même d'entendre ce qu'il dit.

— Je suis... je suis... Edmond Dantès.

Et Caderousse tombe renversé en arrière en poussant un dernier cri. Il est mort.

— Un ! dit mystérieusement le comte, les yeux fixés sur le cadavre.

Après la lecture

Compréhension écrite et orale

1 DELF Écoutez et lisez le chapitre, puis indiquez si les affirmations sont vraies (V) ou fausses (F).

		V	F
1	L'abbé Busoni écrit au procureur Villefort.	☐	☐
2	Lord Wilmore n'aime pas Monte-Cristo.	☐	☐
3	Même s'il n'a rien appris de rassurant, le procureur est plus tranquille.	☐	☐
4	Le marquis de Saint-Méran meurt d'un accident de la route.	☐	☐
5	La marquise de Saint-Méran a beaucoup d'admiration pour Maximilien Morrel.	☐	☐
6	Valentine accepte malgré elle d'épouser Franz d'Épinay.	☐	☐
7	La marquise de Saint-Méran meurt empoisonnée.	☐	☐
8	Le médecin va dénoncer le crime à la police.	☐	☐
9	M. Noirtier fait échouer le mariage entre Valentine et Franz d'Épinay.	☐	☐
10	M. Danglars aimerait annuler le mariage entre sa fille et Albert de Morcerf.	☐	☐
11	M. Danglars veut que sa fille épouse Franz d'Épinay.	☐	☐
12	Conseillé par Monte-Cristo, Danglars fait fouiller dans le passé du comte de Morcerf.	☐	☐
13	Un journal raconte l'héroïsme du général du pacha Ali-Tebelin.	☐	☐
14	Avec la mort de Caderousse, la vengeance de Monte-Cristo a commencé.	☐	☐

ACTIVITÉS

2 **DELF** Écoutez et lisez le chapitre, puis remettez les phrases dans l'ordre chronologique.

a ☐ L'abbé Busoni confesse Bertuccio.
b ☐ Benedetto assassine Caderousse.
c ☐ Lord Wilmore organise l'évasion de Benedetto et Caderousse en profite.
d ☐ Caderousse est arrêté et enchaîné avec Benedetto.
e ☐ Bertuccio est arrêté à la place de Caderousse.
f ☐ Caderousse et Benedetto cambriolent la maison de Monte-Cristo.
g ☐ Caderousse assassine un bijoutier.

Enrichissez votre vocabulaire

3 Retrouvez dans le texte le contraire des adjectifs suivants.

1. avare ....
2. rassurant ....
3. attentifs ....
4. fort ....
5. heureuse ....
6. basse ....

4 Retrouvez la définition qui correspond à chaque verbe.

a ☐ mépriser   d ☐ enquêter
b ☐ se résoudre   e ☐ interrompre
c ☐ constater   f ☐ établir

1. Couper la parole, empêcher un événement.
2. Accepter finalement une situation.
3. Rédiger certaines règles.
4. Considérer une personne comme indigne d'estime.
5. Remarquer quelque chose.
6. Étudier et prendre des informations.

ACTIVITÉS

Grammaire

> ### Le gérondif
>
> **En voyant** sa grand-mère si faible, Valentine n'a pas le courage de lui confier qu'elle aime Maximilien Morrel.
>
> Le gérondif est un mode invariable qui se forme avec la préposition *en* qui précède le participe présent du verbe. Le gérondif exprime :
> — la simultanéité temporelle
> *En attendant le début de l'opéra, ils ont observé les gens dans les loges.*
> — la manière ou le moyen
> *Il pourra se venger en organisant la ruine de Danglars.*
> — la condition
> *En se grimant, il ne se fera pas reconnaître.*
> — l'opposition, la concession (si précédé de *tout*)
> *Tout en sachant que personne ne le reconnaît, il reste prudent.*

5 Transformez les parties soulignées en utilisant un gérondif.

0. Quand il se rend chez l'abbé Busoni, Villefort s'informe sur Monte-Cristo.
   En se rendant chez l'abbé Busoni, Villefort s'informe sur Monte-Cristo.

1. Il dit du mal du comte de Monte-Cristo et il rassure Villefort.
   ....

2. Lorsqu'il reconnaît Edmond Dantès, Caderousse pousse un dernier cri.
   ....

3. Ils sauront qui est vraiment le comte, s'ils enquêtent.
   ....

4. Benedetto poignarde Caderousse alors qu'il s'échappe de la maison.
   ....

5. Il parle d'un empoisonnement et il suggère qu'il y a un criminel.
   ....

6. Quand il lit la lettre, Franz est très ému.
   ....

ACTIVITÉS

7   M. d'Épinay meurt <u>pendant qu'il se bat en duel contre M. Noirtier</u>.
   ....

8   M. de Saint-Méran meurt <u>alors qu'il se rend à Paris</u>.
   ....

9   <u>S'il marie sa fille avec Andrea</u>, sa situation financière s'arrangera.
   ....

10 <u>S'il assassine Caderousse</u>, plus personne ne pourra dévoiler son identité.
   ....

Production écrite et orale

6 `DELF` À l'oral. Pourquoi Monte-Cristo doit-il prendre plusieurs identités pour mener à bien sa vengeance ?

7 `DELF` À l'écrit. Des quatre personnages dont Monte-Cristo va se venger, quel est le plus terrible selon vous ? Expliquez pourquoi. Vous pouvez comparer son comportement avec celui des autres personnages (160-180 mots).

....
....
....
....
....
....
....
....
....
....
....

Marseille en quelques bâtiments

Le château d'If.

Marseille est la deuxième ville de France pour sa population. Elle a été fondée vers 600 avant J.-C. par des Grecs provenant de Phocée, en mer Égée. Voici quelques constructions emblématiques de celle que l'on appelle la « cité phocéenne ».

Le château d'If

If est une toute petite île rocheuse face au port de Marseille. Au début du XVIe siècle, François Ier y fait construire une forteresse pour protéger les côtes. Le château devient rapidement une prison d'État : durant les sanglantes guerres de religion de la fin du XVIe siècle, de nombreux protestants y sont emprisonnés.
C'est Dumas qui a rendu le château d'If si célèbre en y enfermant Edmond Dantès et l'abbé Faria. Le roman de Dumas est si populaire que la fiction et la réalité se sont confondues. Dumas raconte même qu'un jour, faisant une visite incognito au château d'If, le guide l'emmène dans la « cellule de Dantès ». Là, l'homme se met à réciter toute l'histoire du prisonnier,

comme dans le livre. Quelques pierres ont même été retirées du mur pour donner plus de vraisemblance. À la fin de la visite, Dumas se dévoile et signe un certificat qui atteste que toute cette histoire est bien conforme au roman !

Depuis 1999, chaque année au mois de juin, a lieu « Le Défi de Monte-Cristo ». Il s'agit de relier à la nage l'ancienne prison du château d'If à la côte marseillaise. Inspiré de l'évasion mythique d'Edmond Dantès, c'est aujourd'hui le plus important rassemblement grand public de natation en pleine mer !

La Cité radieuse

Construite entre 1947 et 1952, La Cité radieuse de Marseille est un ensemble de logements collectifs conçu par le célèbre architecte Le Corbusier. Fruit de 30 années de recherches, c'est un village vertical construit sur pilotis.

Les appartements comportent deux niveaux. Ils sont comparables à des villas accessibles par de longs et larges couloirs nommés « rues intérieures » et desservis par de nombreux ascenseurs. La « rue centrale » comporte quelques commerces : un hôtel, un salon de coiffure, un supermarché, une pâtisserie, une librairie et une crèche. L'idée de Le Corbusier était de faciliter la vie collective des habitants. Le magnifique toit-terrasse abritait, au départ, la cour de récréation de l'école maternelle, un gymnase, un bassin pour les enfants et une piste d'athlétisme. Aujourd'hui, elle accueille des expositions d'art contemporain.

Le stade Vélodrome

Les Marseillais ont une passion déchaînée pour leur club de football, l'Olympique de Marseille, fondé en 1899. C'est dans le stade Vélodrome que la ville se retrouve unifiée.

Conçu par l'architecte Henri Ploquin, le stade Vélodrome est inauguré en 1937 devant 30 000 spectateurs venus assister à un meeting

Le stade Vélodrome de Marseille.

d'athlétisme, une course cycliste (d'où son nom de vélodrome) et un match de football.

En 1985, la piste cycliste est définitivement supprimée. Mais le stade garde quand même son appellation. À partir de cette époque, le stade accueille aussi de grands concerts de musique rock et pop. Avec la coupe du monde de football organisée en France en 1998, le stade est rénové en profondeur. Il atteint désormais une capacité de 60 000 spectateurs. Mais le stade, qui n'est pas encore couvert est très critiqué. Il est même surnommé « l'enrhumeur », celui où l'on attrape froid !

En 2016, le stade est entièrement modernisé, à la pointe de la technologie. Il est même autonome en eau et en énergie. C'est ce que l'on appelle de l'écoresponsabilité ! Il possède désormais une gigantesque toiture lumineuse. Géré par un sponsor privé, il se nomme actuellement l'Orange Vélodrome.

Le Mucem

Le Musée des civilisations de l'Europe et de la Méditerranée est situé sur le site du fort Saint-Jean, en bord de mer. Ce nouveau bâtiment, inauguré en 2013, est un cube de 15 000 m² dessiné par l'architecte

Rudy Ricciotti. Ce cube, couvert de dentelles de béton, est un carré parfait de 72 mètres de côté. En plus du rez-de-chaussée, il est aussi accessible par une élégante passerelle de 130 mètres de long qui mène directement au toit terrasse. Quand la nuit tombe, le bâtiment s'anime de douces lumières, comme un nouveau phare aux portes de la ville.

Le Mucem de Marseille.

Depuis son ouverture, le Mucem a présenté de nombreuses expositions comme « Vies d'ordure » qui aborde la question de l'économie des déchets, ou encore « Graff en Méditerranée » qui raconte à la fois l'histoire personnelle des artistes et les sources historiques du graffiti.

Compréhension écrite

1 Lisez attentivement le dossier, puis dites s'il s'agit du château d'If (a), de la Cité radieuse (b), du stade Vélodrome (c) ou du Mucem (d).

1. ☐ On y organise de grands concerts pop.
2. ☐ Alexandre Dumas s'y est rendu.
3. ☐ Il s'illumine comme un nouveau phare aux portes de Marseille.
4. ☐ On pouvait y faire du sport sur le toit.
5. ☐ Un rassemblement sportif original y réunit des passionnés de natation.
6. ☐ Il est inauguré en 2013.
7. ☐ Il est écoresponsable.
8. ☐ Il est posé sur un îlot rocheux.

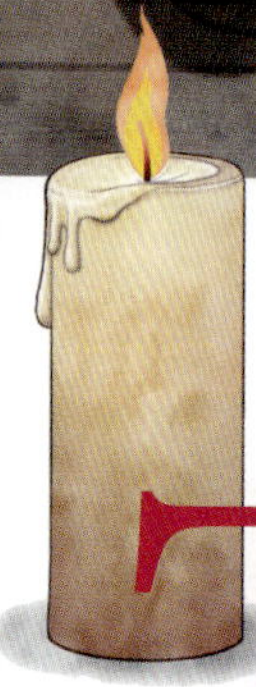

CHAPITRE 10
Le suicide de Morcerf

Trois semaines plus tard, un second article paraît sur l'affaire du pacha Ali :

« Fernand, l'officier français qui livra aux Turcs le pacha Ali-Tebelin, dont il avait pourtant toute la confiance, s'appelle aujourd'hui M. le comte de Morcerf et fait partie de la Chambre des pairs. »

Ce jour-là M. de Morcerf ne sait rien de cette publication, il ne reçoit pas ce journal. Il se rend comme à son habitude à la Chambre des pairs, la tête haute et l'œil fier. Quand il entre dans la salle, la séance est déjà ouverte depuis une demi-heure. Tous ses collègues ont en main le journal accusateur. Dès que Morcerf est installé dans son fauteuil, un de ses adversaires politiques monte à la tribune en réclamant toute l'attention de l'assemblée. Aux premiers mots d'Ali-Tebelin et du colonel Fernand, le comte

Le suicide de Morcerf

Morcerf pâlit terriblement et comprend aussitôt de quoi il s'agit. Tous les regards sont tournés vers lui.

— Nous devons faire la lumière sur cette affaire qui salit notre Chambre, conclut l'orateur.

— Qu'avez-vous à dire pour votre défense, demande le président de l'assemblée à M. de Morcerf.

— Ce ne sont que des mensonges, j'ai été loyal au pacha d'Ali-Tebelin, jusqu'à la dernière heure.

C'est alors, qu'une personne demande à témoigner en pleine séance. C'est une jeune femme vêtue d'un voile.

— Madame, dit le président, qui êtes-vous ?

— Je suis Haydée, fille d'Ali-Tebelin, dit la jeune femme en retirant son voile. J'avais quatre ans lors de ces événements dramatiques, mais je n'ai rien oublié.

— M. de Morcerf, reconnaissez-vous madame comme la fille d'Ali-Tebelin ?

— Non, dit Morcerf en faisant un effort pour se lever.

— Tu ne me reconnais pas, dit Haydée. Moi, malheureusement, je te reconnais, tu es Fernand Mondego, l'officier qui a trahi mon père et qui nous a vendues, ma mère et moi, à un marchand d'esclaves de Constantinople. Assassin !

— Madame, vous êtes sûre de reconnaître cet homme, dit le président.

— Si je le reconnais ? s'écrie Haydée. Même si j'oubliais son visage, je reconnaîtrai facilement la large cicatrice qu'il a sur la main droite.

Alors, le comte de Morcerf cache sa main droite dans sa poche et quitte la salle comme un fou. Une sentence de trahison et de déshonneur est prononcée à l'unanimité.

CHAPITRE 10

Albert se sent déshonoré, il doit réparer l'honneur de sa famille. Convaincu que Danglars est à l'origine des informations qui ont compromis son père, il se rend chez le banquier pour le provoquer en duel. Mais Danglars lui confie que c'est le comte de Monte-Cristo qui l'a encouragé à faire ces recherches sur le passé de son père. Albert se précipite alors chez le comte de Monte-Cristo, qu'il croyait être son ami, et pour venger l'honneur de sa famille, il l'insulte et le provoque en duel. Ils se battront le lendemain matin.

Désespérée, madame de Morcerf se rend le soir même chez Monte-Cristo pour tenter de sauver Albert.

— Edmond, je vous en prie, ne tuez pas mon fils ! implore-t-elle.

— Quel nom avez-vous prononcé, Mme de Morcerf ? dit-il.

— Le vôtre ! Edmond, ce n'est pas Mme de Morcerf qui vient vous supplier, c'est Mercédès.

— Mercédès est morte, madame, dit Monte-Cristo.

— Mercédès vit, monsieur. Je vous ai reconnu dès le premier jour. Et j'ai tout suite compris que c'est vous qui étiez à l'origine des malheurs de M. de Morcerf.

— Fernand, vous voulez dire, reprend Monte-Cristo. Et ce ne sont pas des malheurs qui le frappent, c'est un châtiment.

— Quelle terrible vengeance pour une faute que j'ai commise, moi. Je suis la seule coupable, celle de ne pas vous avoir attendu après votre arrestation et d'avoir ensuite cédé à Fernand.

— Je crois deviner que vous ne savez pas pourquoi j'ai été arrêté.

— Je l'ignore, dit Mercédès.

— J'ai été arrêté parce que Danglars, le jour de nos fiançailles, a écrit une lettre et que Fernand s'est chargé de la poster. Cette lettre la voici.

Et Monte-Cristo tend à Mercédès la lettre. Elle la lit, effrayée.

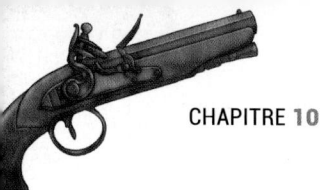

CHAPITRE 10

— Et vous ne savez pas que je suis resté quatorze ans enfermé parce que cette lettre mensongère me dénonçait comme un agent bonapartiste.

— Edmond, je vous en prie, en souvenir de notre amour ! Vengez-vous sur les coupables, vengez-vous sur moi, sur lui, mais ne vous vengez pas sur mon fils. Ne devenez pas l'assassin de mon fils !

— Avez-vous senti mourir votre père en votre absence ? Avez-vous vu la femme que vous aimiez céder à votre rival tandis que vous étiez au fond d'un cachot ?

— Non, mais j'ai vu l'homme que j'aimais prêt à tuer mon fils ! prononce-t-elle avec une douleur si puissante.

— Vous voulez qu'il vive ? Eh bien, il vivra ! Et moi, je mourrai...

— Non, Edmond, vous ne mourrez pas, le duel n'aura pas lieu !

— Il aura lieu, Mercédès, dit tristement Monte-Cristo, et vous ne vous rendez pas compte du sacrifice que je fais en mourant maintenant. Il ne faut pas avoir de cœur lorsqu'on décide de se venger.

La nuit, Monte-Cristo rédige un testament en faveur d'Haydée et des enfants de l'armateur Morrel.

À huit heures du matin, Monte-Cristo et ses deux témoins, Maximilien Morrel et le beau-frère de celui-ci, arrivent à l'endroit où doit avoir lieu le duel. Ils rencontrent les deux témoins d'Albert. À huit heures et dix minutes, Albert de Morcerf se présente, pâle, les yeux rougis et gonflés. Il n'a pas dormi de la nuit. Les témoins préparent les pistolets.

— Attendez, messieurs, dit Albert, j'ai deux mots à dire à monsieur le comte de Monte-Cristo.

— En particulier ? demande Morrel.

Le suicide de Morcerf

— Non, monsieur, devant tout le monde.

— Je vous écoute, monsieur, dit le comte.

— Je pensais que vous vouliez punir mon père pour sa trahison envers le pacha. Mais j'ai appris par ma mère le mal qu'il vous a fait. Je vous présente mes excuses. Vous avez eu raison de vous venger de lui !

Monte-Cristo, les larmes aux yeux, tend une main à Albert pour montrer qu'il accepte ses excuses.

Albert rentre chez lui. Sa mère et lui décident de quitter Paris le plus vite possible. Ils préparent leurs bagages lorsque Mercédès reçoit une lettre provenant du comte de Monte-Cristo. Ce dernier lui offre une petite maison à Marseille ainsi que de l'argent pour recommencer sa vie avec son fils.

Pendant ce temps-là, M. de Morcerf se présente chez Monte-Cristo.

— Je ne sais pas pourquoi mon fils vous a présenté des excuses, dit Morcerf.

— Parce qu'il était convaincu qu'il y a dans cette histoire un homme plus coupable que moi, répond froidement Monte-Cristo.

— Et quel est cet homme ?

— Son père !

— Soit ! dit Morcerf enragé. Maintenant, nous allons nous battre jusqu'à la mort de l'un de nous deux. Nous n'avons pas besoin de témoins.

— En effet, c'est inutile, dit Monte-Cristo, nous nous connaissons si bien !

— Au contraire, dit Morcerf, c'est que nous ne nous connaissons pas.

CHAPITRE 10

— N'êtes-vous pas le soldat Fernand qui a déserté à Waterloo, le lieutenant Fernand qui a servi d'espion en Espagne ou encore le général Fernand qui a trahi Ali ?

— Et toi qui es-tu Zaccone ? Tu te fais appeler Monte-Cristo à Paris, Simbad le marin en Italie. Je veux connaître ton nom réel afin que je le prononce au moment où je t'enfoncerai mon épée dans le cœur.

Monte-Cristo se précipite dans sa chambre et revient, en moins d'une seconde, vêtu d'une petite veste de marin et coiffé d'un chapeau de matelot.

— Fernand ! lui crie-t-il, rappelle-toi le nom de l'homme à qui tu as volé sa fiancée !

— Edmond Dantès ! prononce Fernand, terrifié.

Sur ces mots, il s'enfuit, rentre chez lui et s'enferme dans son bureau. Au moment où Albert et Mercédès passent la porte pour quitter définitivement la maison familiale, ils entendent un coup de feu. Ils ne reverront plus jamais Fernand Mondego.

ACTIVITÉS

Après la lecture

Compréhension écrite et orale

1 DELF Écoutez et lisez le chapitre, puis indiquez si les affirmations sont vraies (V) ou fausses (F).

		V	F
1	Les collègues du comte de Morcerf apprennent sa trahison par le journal.	☐	☐
2	Haydée avait quatre ans lors des événements dramatiques.	☐	☐
3	Haydée pourrait reconnaître Fernand grâce à une cicatrice sur sa main gauche.	☐	☐
4	Albert veut venger l'honneur de son père.	☐	☐
5	Monte-Cristo avoue à Mercédès qu'il est Edmond.	☐	☐
6	Mercédès est prête à tout pour éviter la mort de son fils.	☐	☐
7	Monte-Cristo tue Albert lors du duel.	☐	☐
8	Fernand, désespéré, se tranche les veines.	☐	☐

2 Choisissez la phrase qui correspond à l'histoire.

1. a ☐ Fernand lit dans le journal l'article qui l'accable.
   b ☐ Fernand ne reçoit pas ce journal, il n'a donc pas connaissance de l'article.
2. a ☐ Le président de l'assemblée refuse de donner la parole à Fernand.
   b ☐ Le président de l'assemblée demande à Fernand de se défendre.
3. a ☐ Haydée n'a jamais oublié Fernand.
   b ☐ Haydée ne se rappelle pas de Fernand parce qu'elle était trop petite.
4. a ☐ Le duel n'a pas lieu parce qu'Albert présente ses excuses.
   b ☐ Le duel se termine à égalité.
5. a ☐ Mercédès savait tout de la lettre de dénonciation.
   b ☐ Mercédès est terrorisée en lisant la lettre de dénonciation.

ACTIVITÉS

3 **DELF** Écoutez l'enregistrement et dites si les affirmations sont vraies (V) ou fausses (F).

	V	F
1 Durant tout le XIXe siècle, le duel n'est pas puni.	☐	☐
2 Les femmes ne se battent jamais en duel.	☐	☐
3 Les journalistes sont les premiers duellistes de France durant les années 1830-1848.	☐	☐
4 Les duels au pistolet ont lieu dans les immeubles des journaux.	☐	☐
5 Si un adversaire est déjà blessé, on n'attend pas son rétablissement pour l'affronter en duel.	☐	☐
6 Guy de Maupassant a écrit le roman *Bel-Ami*.	☐	☐
7 Dans la seconde moitié du XIXe siècle, les duellistes sont systématiquement jetés en prison.	☐	☐
8 La pratique du duel disparaît avec la Première guerre mondiale.	☐	☐

Enrichissez votre vocabulaire

4 Associez chaque adjectif à son synonyme.

a	☐ fier	1	grande
b	☐ loyal	2	véritable
c	☐ large	3	habillé
d	☐ déshonoré	4	prétentieux
e	☐ désespérée	5	en colère
f	☐ puissante	6	fidèle
g	☐ coupable	7	découragée
h	☐ enragé	8	discrédité
i	☐ réel	9	forte
j	☐ vêtu	10	fautif

ACTIVITÉS

Grammaire

Le subjonctif présent

Le subjonctif présent est le mode utilisé pour exprimer un **doute**, un **fait souhaité**, ou **une action incertaine qui n'a pas encore été réalisée**. C'est un mode employé dans une proposition subordonnée. Son emploi est commandé par le verbe (au présent de l'indicatif) de la proposition principale.

Vous voulez qu'il vive ?

Le radical du subjonctif se forme en enlevant la terminaison -*ent* de la 3ème personne du pluriel du présent de l'indicatif.

*ils parl**ent** → parl-   ils finiss**ent** → finiss-   ils part**ent** → part-*

On ajoute au radical les terminaisons suivantes : **-e, -es, -e, -ions, -iez, -ent**.

Dire : *que je dise, que tu dises, qu'il/elle dise, que nous disions, que vous disiez, qu'ils/elles disent*

Les verbes suivants sont irréguliers :

	avoir	être	vouloir	aller	faire	pouvoir	savoir
que je/que j'	aie	sois	veuille	aille	fasse	puisse	sache
que tu	aies	sois	veuilles	ailles	fasses	puisses	saches
qu'il/qu'elle/qu'on	ait	soit	veuille	aille	fasse	puisse	sache
que nous	ayons	soyons	voulions	allions	fassions	puissions	sachions
que vous	ayez	soyez	vouliez	alliez	fassiez	puissiez	sachiez
qu'ils/qu'elles	aient	soient	veuillent	aillent	fassent	puissent	sachent

Falloir : *qu'il faille* ; **pleuvoir** : *qu'il pleuve*

5 Cochez les phrases qui contiennent un verbe au subjonctif présent.

1. ☐ Il faut qu'elle finisse son livre avant la fin de la semaine.
2. ☐ Elle pense qu'ils peuvent remporter le match.
3. ☐ Il est urgent qu'ils se mettent en règle avec la loi.
4. ☐ Il rêve de la tarte qu'il mangeait chez sa grand-mère.
5. ☐ Il veut que je vous dise toute la vérité.
6. ☐ Pourvu qu'il ne pleuve pas !

Coin Culture

Le roman feuilleton

Le roman feuilleton un genre littéraire qui naît au début du XIXe siècle : à cette époque la population française est plus alphabétisée et les journaux sont bon marché parce qu'ils vivent aussi de la publicité. En 1836, le quotidien *La Presse* publie pour la première fois un roman en intégralité : *La Vieille Fille* d'Honoré de Balzac. Très vite les autres journaux s'y mettent aussi. *Les Mystères de Paris* d'Eugène Sue est le premier roman feuilleton à connaître un succès populaire phénoménal : les lecteurs s'abonnent en masse pour pouvoir suivre chaque jour dans les pages du *Journal des débats* les aventures de Rodolphe qui protège les faibles et les opprimés. Au début du XXe siècle, les grands héros des romans feuilletons sont le gentleman-cambrioleur Arsène Lupin créé par Maurice Leblanc, le perspicace reporter Rouletabille et le forçat Chéri-Bibi créés par Gaston Leroux, ou encore le malfaiteur masqué Fantômas créé par Marcel Allain et Pierre Souvestre. Puis, avec la baisse du coût des livres, le genre va disparaître pour se tourner vers les nouveaux médias : le cinéma et la bande-dessinée d'abord, puis la radio, la télévision et enfin Internet où l'on peut suivre maintenant d'innombrables séries.

6 **DELF** Associez les mots à leur définition.

a ☐ Bon marché.   1 Personne soumise à un pouvoir tyrannique.
b ☐ Un quotidien.   2 Homme condamné aux travaux forcés.
c ☐ Un opprimé.   3 Qui devine des choses difficiles.
d ☐ Perspicace.   4 Homme qui commet des actions criminelles.
e ☐ Un forçat.   5 Journal qui paraît tous les jours.
f ☐ Un malfaiteur.   6 Qui ne coûte pas cher.

CHAPITRE **11**

La folie de Villefort

La mort frappe encore chez les Villefort. Le serviteur de M. Noirtier, Barrois, meurt empoisonné après avoir bu de la limonade.

— Ce poison était destiné à M. Noirtier, dit le médecin en tête à tête avec M. de Villefort. Pourtant, M. Noirtier est immunisé. Depuis un an, je le traite avec de la brucine pour sa paralysie. Il y a un assassin dans votre maison, M. le procureur.

— Oh ! docteur ! s'exclame Villefort. Comment est-ce possible ?

— On dit « cherche à qui profite le crime, tu trouveras l'assassin ».

— Et alors ? demande Villefort incrédule.

— Qui hérite de M. et Mme de Saint-Méran et qui héritera de M. Noirtier ?

— Valentine ! Mais c'est impossible ! D'ailleurs, ma fille est malade…

CHAPITRE 11

— Je vais tout de suite vérifier cette maladie. Peut-être fait-elle semblant !

— C'est impossible ! répète Villefort qui part s'enfermer dans son bureau.

Le médecin monte dans la chambre de Valentine. Maximilien et M. Noirtier veillent la jeune fille. Elle est très faible. Le médecin l'examine et comprend qu'elle a aussi été empoisonnée. Mais curieusement, elle est encore en vie.

— Grand-père me soigne avec ses médicaments, dit-elle faiblement. Il m'en donne un peu chaque jour.

Noirtier cligne des yeux et le médecin comprend aussitôt :

— Monsieur, vous avez sauvé la vie de Valentine. Mais si l'assassin décide de changer de poison, elle mourra. Que personne ne s'approche de cette jeune fille sans mon autorisation !

Effrayé, Maximilien court chez Monte-Cristo, le seul sur qui il peut compter.

— Quelqu'un essaie d'empoisonner Valentine de Villefort, la femme que j'aime. Aidez-moi ! implore Maximilien.

— Quoi ! vous aimez la fille de cette famille maudite ? dit le comte en colère. Je ne pourrai donc jamais me venger de Villefort !

Maximilien ne comprend pas l'étrange réaction du comte.

— Soit ! dit Monte-Cristo, gardez espoir, Maximilien. Je suis là et je veillerai sur vous. Faites-moi confiance et Valentine ne mourra pas.

Cette nuit-là, Valentine est atteinte d'une très forte fièvre. Elle délire dans son lit. Elle voit d'abord une silhouette blanche s'approcher de sa table pour remplir son verre d'eau. Puis plus tard, c'est une silhouette noire qui apparaît.

La folie de Villefort

— Ne buvez pas cette eau ! ordonne gentiment la silhouette noire.

— Vous êtes… le comte de Monte-Cristo, dit Valentine.

— Je viens vous sauver, comme me l'a demandé Maximilien. Avez-vous reconnu la silhouette blanche ?

— Oui, c'est Mme de Villefort.

— Votre belle-mère essaie de vous empoisonner. Elle est prête à tout pour son fils. Si vous mourez, tout l'héritage de vos grands-parents reviendra à Édouard.

— Mais que dois-je faire ?

— Faites-moi confiance. Buvez-ceci ! dit-il en lui tendant un autre verre. Vous vous endormirez profondément et vous vous réveillerez dans un autre pays.

Valentine fixe Monte-Cristo dans les yeux, porte le verre à ses lèvres, boit et s'endort. Le lendemain matin, on annonce la mort de la jeune fille. Désespéré, Maximilien veut mettre fin à ses jours, mais Monte-Cristo l'empêche d'accomplir ce geste fatal.

— Espérez, Maximilien, dit Monte-Cristo. Dans huit jours, nous quitterons la France et vous me remercierez.

La nuit qui suit l'enterrement de Valentine, une silhouette noire se faufile entre les tombes du cimetière du Père Lachaise. Elle entre dans le caveau de la famille Villefort. Quelques instants plus tard, la silhouette ressort, tenant dans ses bras une jeune fille morte, ou peut-être tout simplement endormie.

* * *

Le lendemain, chez les Danglars, tout Paris est réuni pour célébrer le mariage d'Eugénie et Andrea Cavalcanti. On s'apprête à signer le contrat quand soudain, un commissaire et trois gendarmes font irruption dans le salon.

CHAPITRE 11

— Andrea Cavalcanti, je vous arrête ! ordonne le commissaire.

— Mais... vous ne pouvez pas arrêter le prince Cavalcanti, supplie Danglars qui se voit déjà ruiné et déshonoré.

— Cet homme n'est pas un prince ! annonce le commissaire. C'est un bagnard évadé et il est accusé d'avoir assassiné un dénommé Caderousse. Nous avons une lettre de dénonciation détaillée.

* * *

Depuis la mort de Valentine, Villefort est resté enfermé dans son bureau. Enfin, un matin, le procureur se rend dans la chambre sa femme.

— Madame, où est le poison qui a tué ma pauvre Valentine, M. et Mme Saint-Méran et le serviteur Barrois ? demande-il d'un air grave.

— Mais... que dites-vous ? s'étonne-t-elle.

— Inutile de nier, j'ai tout compris. C'est vous qui les avez empoisonnés !

— Monsieur ! Ayez pitié de moi ! implore Mme de Villefort.

— Je ne peux pas vous livrer à la justice car ce serait le déshonneur pour notre fils. Je vous conseille donc de retrouver ce poison. Et s'il en reste quelques gouttes, sachez les utiliser. Que justice soit faite !

— Laissez-moi vivre ! Je vous en prie... Je suis votre femme !

— Oui, mais vous êtes une meurtrière. Un jour, vous pourriez utiliser ce poison contre votre propre enfant. Je vous laisse. Vous savez ce qu'il vous reste à faire. Je vais au palais de justice pour demander la peine de mort contre un assassin. Si, à mon retour, vous êtes encore vivante, je vous mènerai moi-même à la guillotine. Adieu, madame !

CHAPITRE 11

C'est aujourd'hui, le procès de Benedetto, alias Andrea Cavalcanti. La séance débute après l'arrivée du procureur du roi, M. de Villefort. Interrogé par le président du tribunal, l'accusé refuse de donner sa véritable identité.

— Je suis né à Auteuil dans la nuit du 27 au 28 septembre 1817, dit-il.

Villefort, qui est plongé dans ses papiers, lève la tête et devient livide. Il croise le regard de l'accusé qui ne le quitte pas des yeux.

— Quelle est votre profession ? continue le président du tribunal.

— Faussaire[1], puis voleur, et assassin depuis peu, dit-il tranquillement.

Des murmures[2] de consternation se font entendre dans toute la salle.

— Acceptez-vous maintenant de dire votre nom ?

— Je le voudrais bien, mais je ne connais que celui de mon père.

— Dites le nom de votre père, alors.

— M. de Villefort, dit Benedetto tout en fixant le procureur.

Dans la salle du tribunal, les gens insultent l'accusé.

— Silence dans la salle ! impose le président. Accusé, expliquez-vous !

— À ma naissance, dit le jeune homme toujours tranquille, mon père a dit à ma mère que j'étais mort-né. Pour éviter le scandale, il avait décidé de m'enterrer vivant. Mais au moment d'accomplir cet infanticide, il a été attaqué par un certain Bertuccio. Cet homme m'a sauvé et m'a confié à sa belle-sœur qui m'a élevé comme son propre fils. Ces gens ont été bons pour moi. J'admets être coupable

---

1. **faussaire** : personne qui fabrique de la fausse monnaie.
2. **murmure** : léger bruit de voix.

La folie de Villefort

de nombreux crimes, mais le plus coupable de tous, c'est mon père. Je le maudis !

— Nous avons besoin de preuves ! dit le président.

Villefort se lève de son fauteuil, il tremble de tous ses membres.

— Tout ce que ce jeune homme dit est vrai, avoue-t-il.

Puis il quitte aussitôt le tribunal. Villefort pense maintenant que sa femme est devenue criminelle à cause de lui, à cause de son influence néfaste. C'est lui le vrai coupable ! Il se précipite dans sa maison pour empêcher l'irréparable. Il trouve sa femme allongée sur son lit, leur fils Édouard dans les bras. Ils sont morts tous les deux. Elle a laissé une courte lettre : « Je suis devenue criminelle pour mon fils, je ne pars pas sans lui ».

Villefort est fou de douleur, il enrage. Il erre[3] dans sa maison et tombe nez à nez avec Monte-Cristo qui le fixe avec un sourire plein de haine.

— Que faites-vous là ? s'écrie Villefort.

— Je viens vous dire que vous avez payé votre dette.

— Quelle dette ? Qui êtes-vous donc à la fin ?

— Je suis celui à qui vous avez ôté la liberté, il y a vingt-trois ans. Celui que vous avez condamné à une mort lente au château d'If.

— Tu es Edmond Dantès ! s'écrie Villefort. Alors viens !

Villefort entraîne Edmond dans la chambre où gisent les cadavres.

— Regarde ! Edmond Dantès, es-tu bien vengé ? dit-il.

Puis Villefort court au jardin pour fouiller la terre avec une espèce de rage.

— Je le retrouverai, je le retrouverai, hurle Villefort.

« Il est devenu fou », pense Monte-Cristo avec terreur.

---

3. **errer** : avancer sans but en cherchant son chemin.

ACTIVITÉS

Après la lecture

Compréhension écrite et orale

1 DELF Écoutez et lisez le chapitre, puis remettez les phrases dans l'ordre chronologique.

- a ☐ Le procureur comprend que c'est sa femme l'empoisonneuse.
- b ☐ Monte-Cristo révèle à Villefort sa véritable identité.
- c ☐ Le médecin soupçonne Valentine d'être l'empoisonneuse.
- d ☐ Héloïse de Villefort empoisonne son fils avant de se suicider.
- e ☐ Tout le monde, sauf Monte-Cristo, pense que Valentine est morte.
- f ☐ Le serviteur Barrois meurt empoisonné.
- g ☐ Benedetto, alias Andrea Cavalcanti, annonce au tribunal être le fils du procureur.
- h ☐ Villefort perd la raison.
- i ☐ Le mariage d'Eugénie Danglars avec Andrea Cavalcanti est interrompu par les gendarmes.
- j ☐ Monte-Cristo promet de protéger Valentine.

2 DELF Écoutez et lisez le chapitre, puis choisissez la bonne réponse.

1. Cherchez à qui profite le crime et vous trouverez *le cadavre / l'assassin*.
2. La nuit, Mme de Morcerf *empoisonne / soigne* sa belle-fille.
3. Maximilien veut *se suicider / partir loin* parce qu'il est triste.
4. Andrea Cavalcanti est soupçonné *de l'évasion / du meurtre* de Caderousse.
5. Si sa femme ne se suicide pas, M. de Villefort la mènera *au théâtre / à l'échafaud*.
6. Benedetto *accuse / défend* son père naturel.
7. Le procureur *contredit / confirme* les propos de Benedetto.
8. Monte-Cristo fixe Villefort avec un sourire *charmant / haineux*.

ACTIVITÉS

3 Lisez attentivement le chapitre et répondez aux questions.

1. Valentine est-elle vraiment morte ?
2. Selon vous, que lui a fait boire Monte-Cristo ?
3. Qui vient de nuit enlever le corps de Valentine du cimetière ?
4. Qui a certainement fait parvenir aux gendarmes la lettre d'accusation de Benedetto ?

Enrichissez votre vocabulaire

4 DELF Choisissez le synonyme de chaque mot souligné.

1. M. de Noirtier est <u>immunisé</u> contre le poison.
   - a ☐ fatigué
   - b ☐ militant
   - c ☐ vacciné

2. Maximilien et M. Noirtier <u>veillent</u> la jeune fille faible.
   - a ☐ prennent soin de
   - b ☐ nourrissent
   - c ☐ aiment

3. Valentine <u>délire</u> dans son lit.
   - a ☐ mange   b ☐ divague   c ☐ pleure

4. Une influence <u>néfaste</u>.
   - a ☐ mauvaise
   - b ☐ sympathique
   - c ☐ musicale

5. Le public de la salle du tribunal est <u>consterné</u>.
   - a ☐ ravi   b ☐ triste   c ☐ surpris

6. Sa mère le pensait <u>mort-né</u>.
   - a ☐ mis au monde sans vie
   - b ☐ immortel
   - c ☐ pourvu de dents à la naissance

ACTIVITÉS

5 Associez chaque mot à l'image correspondante.

a   un caveau
b   un tribunal de justice
c   une guillotine
d   un gendarme
e   un bagnard
f   une bouteille de poison

Grammaire

L'impératif et les pronoms personnels compléments

Laissez-moi vivre ! Je vous en prie… Je suis votre femme !

Lorsque le verbe est à l'impératif affirmatif, les pronoms personnels compléments d'objet direct ou indirect se placent après le verbe. Le trait d'union est obligatoire entre le verbe et le complément. À l'impératif affirmatif, les pronoms compléments **me** et **te** deviennent **moi** et **toi**.

*Expliquez-**nous** ! Laissez-**moi** vivre ! Dépêche-**toi** !*

Lorsque le verbe est à l'impératif négatif, les pronoms personnels compléments d'objet direct ou indirect se placent avant le verbe.

*Ne **nous** regarde pas ! Ne **me** parle pas ! Ne **te** dépêche pas !*

6 Mettez les phrases suivantes à l'impératif.

1 Tu nous achètes notre silence.
   ....

2 Vous me laissez en paix.
   ....

3 Nous ne te laissons pas sortir.
   ....

4 Vous me défendez lors du procès.
   ....

5 Tu nous racontes toute l'histoire.
   ....

6 Tu ne leur dis pas.
   ....

7 Vous ne me l'avouez pas.
   ....

8 Vous nous faites confiance.
   ....

Production orale

7 Pensez-vous que Monte-Cristo va trop loin dans sa vengeance ?

CHAPITRE **12**

Le pardon de Danglars

La vengeance impitoyable qu'il a fait subir à Villefort sème le doute dans l'esprit de Monte-Cristo. Avait-il vraiment le droit de faire ce qu'il a fait ?

— C'est assez comme cela, se dit-il, sauvons le dernier.

Le comte de Monte-Cristo a fait venir dans sa maison Maximilien Morrel. Ce dernier occupe les appartements de Haydée, partie en voyage. Monte-Cristo règle ses dernières affaires parisiennes. Six mois après avoir franchi les portes de la capitale, il la quitte triomphant. Il emmène avec lui Maximilien qui ne se remet toujours pas de la perte de Mlle de Villefort :

— Quitter Paris, c'est perdre une seconde fois Valentine qui repose ici.

— Les amis que nous avons perdus, dit le comte, ne reposent pas dans la terre, ils sont dans notre cœur. Moi, j'y ai deux amis :

Le pardon de Danglars

l'un est celui qui m'a donné la vie, l'autre, est celui qui m'a donné l'intelligence.

Les deux hommes font étape à Marseille. Maximilien s'en va rendre visite à la tombe de son père, l'armateur, et Monte-Cristo se rend dans une petite maison, celle où il a vécu avec son père. Il entre. Une femme assise pleure.

— Madame, dit le comte, ce n'est plus mon devoir de vous rendre heureuse, mais je peux vous consoler. Je suis votre ami.

La femme relève la tête et pousse un petit cri en voyant l'homme devant elle.

— Je suis bien malheureuse, dit Mercédès. Mon fils est parti en Afrique, il s'est engagé dans l'armée coloniale.

— Il a bien fait, réplique le comte, il reviendra grand et fort et il assurera votre avenir.

Monte-Cristo fait un pas vers elle et silencieusement lui tend la main.

— Non, dit-elle, en retirant doucement la sienne, mon ami, ne me touchez pas. Vous m'avez épargnée et pourtant, j'étais la plus coupable.

— Me haïssez-vous madame ?

— Je ne peux pas haïr l'homme qui sauvé la vie de mon fils. C'était votre intention de tuer le fils de M. de Morcerf dont il était si fier, n'est-ce pas ? Je ne vous reproche rien, monsieur.

— Avant que je vous quitte, que désirez-vous, Mercédès ?

— Edmond, je ne désire qu'une chose : que mon fils soit heureux.

— Je vous promets de veiller sur lui, au revoir, madame.

Mercédès touche la main d'Edmond en frissonnant, s'élance dans l'escalier et disparaît aux yeux du comte.

CHAPITRE 12

* * *

Le comte a parlé de « sauver le dernier », qui ne peut être que Danglars, bien entendu. Mais où se trouve le banquier ?

Le mariage manqué de sa fille n'a pas arrangé ses affaires. Il a enchaîné faillite sur faillite, sans comprendre pourquoi le destin s'acharnait sur lui. Les lecteurs auront bien une petite idée ! Danglars s'est enfui de Paris, abandonnant le peu de biens qui lui restaient, ainsi que sa famille. Il est à Rome où l'attend, dans une banque, l'argent des bonnes œuvres qu'il a détourné à son profit. Malheureusement pour lui, il est capturé par des bandits et emmené dans un cachot au fond des catacombes de Saint-Sébastien.

— Je me souviens de l'histoire d'Albert de Morcerf, se dit Danglars, les bandits voulaient de lui quatre mille écus romains de rançon. De moi, qui suis un personnage plus important, ils en voudront huit mille, ce n'est pas un problème.

Au bout de vingt-quatre heures, les bandits ne lui ont toujours pas adressé la parole. Ils déjeunent puis ils dînent devant lui en l'ignorant. Danglars a faim.

— Pardon, monsieur, dit Danglars en s'adressant au chef des bandits à travers les barreaux de son cachot, pouvez-vous me donner à manger ?

— Votre excellence a faim ? répond Luigi Vampa.

— J'ai faim, répond Danglars, même assez faim.

— Que désire votre excellence ? Un poulet ?

— Oui, un poulet.

Aussitôt, un bandit apporte un poulet sur un plateau d'argent.

— Mais ici, on paie avant de manger, annonce Vampa.

CHAPITRE 12

— Mais bien sûr, répond Danglars alléché par la vue du poulet. Voilà douze sous.
— Monsieur, répond Vampa, vous êtes bien loin du compte. Le poulet vaut cent mille francs.
— Cent mille francs ! Vous êtes fou !

Vampa fait renvoyer le poulet. Mais au bout d'une demi-heure Danglars cède. Son estomac est plus fort que lui, d'autant que les bandits ne cessent de manger devant lui.

— C'est bon, dit Danglars, voici un chèque de cent mille francs.

Au bout de douze jours, Danglars a perdu les cinq millions qui lui restaient à la banque. Il n'a plus d'argent pour se nourrir. Puis, au bout de quatre jours sans nourriture, Danglars n'est plus qu'un cadavre vivant.

— Il y a des hommes, dit une voix à Danglars, qui ont plus souffert que vous.
— Je ne crois pas, répond le banquier sans même regarder à qui il a affaire.
— Si ! Pensez au vieux Dantès qui est mort de faim, continue la voix.
— C'est vrai, répond Danglars.
— Regrettez-vous vos mauvaises actions, continue la voix.
— Oh, oui je le regrette, se lamente Danglars.
— Alors, je vous pardonne, dit l'homme en sortant de l'ombre.
— Le comte de Monte-Cristo ! s'écrie Danglars terrifié.
— Vous vous trompez, je ne suis pas le comte de Monte-Cristo.
— Et qui êtes-vous ?
— Je suis l'homme que vous avez vendu, livré, déshonoré. Je suis l'homme dont vous avez prostitué la fiancée. Je suis l'homme dont vous avez fait mourir le père de faim et qui vous avait condamné à mourir de faim. Mais cet homme vous pardonne, parce qu'il a besoin d'être pardonné. Je suis Edmond Dantès !

Le pardon de Danglars

Danglars pousse un cri et tombe prosterné.

— Debout ! vous avez la vie sauve. Vous avez plus de chance que vos deux complices : l'un est mort, l'autre est fou. Maintenant mangez !

Puis le comte s'adresse à Luigi Vampa :

— Quand cet homme se sera nourri, il sera libre.

* * *

Le lendemain, Monte-Cristo et Maximilien débarquent sur l'île de Monte-Cristo. Le comte entraîne son jeune protégé vers les grottes qu'il a aménagées comme un palais des Mille et Une Nuits. Le jeune homme ne pense qu'à mourir pour soulager son immense souffrance. Dans le fond de la grotte, dans un salon rempli de dorures et de statues, Haydée est assise sur un sofa oriental, en compagnie d'une jeune femme.

— Valentine ! Valentine ! s'écrie Maximilien qui n'en croit pas ses yeux.

La jeune femme se précipite vers Maximilien. Les deux amants s'enlacent. Puis Valentine baise la main du comte.

— Je vous remercie de toute mon âme.

Le lendemain, aux premiers rayons du jour, Maximilien et Valentine se promènent au bras l'un de l'autre sur le rivage. La jeune femme raconte comment Monte-Cristo l'a miraculeusement sauvée, quand un serviteur du comte les rejoint.

— J'ai cette lettre à vous remettre de la part du comte.

— Du comte ! murmurent les jeunes gens.

Maximilien ouvre la lettre et lit :

« Mon cher Maximilien,

Il y a un voilier qui vous attend. Il vous conduira à Livourne, où M. Noirtier attend sa petite fille. Il veut bénir votre mariage. Tout

CHAPITRE 12

ce qui est dans cette grotte, mon ami, et ma maison des Champs-Élysées sont les présents que fait Edmond Dantès au fils de son ancien patron Morrel.

Vivez et soyez heureux, mes enfants chéris. N'oubliez pas que toute la sagesse humaine est dans ces deux mots :

Attendre et espérer !

Votre ami, Edmond Dantès, comte de Monte-Cristo. »

C'est alors qu'ils remarquent le yacht du comte qui s'éloigne au loin vers l'horizon.

— Est-ce que nous les reverrons un jour ? dit Maximilien, l'œil humide.

— Le comte vient de nous dire « attendre et espérer », dit Valentine.

ACTIVITÉS

Après la lecture

Compréhension écrite et orale

1 DELF Écoutez et lisez le chapitre, puis indiquez si les affirmations sont vraies (V) ou fausses (F).

		V	F
1	Après la mort de Fernand et la folie de Villefort, Monte-Cristo a des scrupules.	☐	☐
2	Deux ans après son arrivée à Paris, Monte-Cristo quitte la capitale.	☐	☐
3	Monte-Cristo est plein de haine envers Mercédès.	☐	☐
4	Edmond promet de veiller sur Albert de Morcerf.	☐	☐
5	Danglars s'est enfui à Rome.	☐	☐
6	Danglars est prisonnier dans les catacombes de Saint-Marcellin.	☐	☐
7	Danglars monte une escroquerie avec Luigi Vampa.	☐	☐
8	Monte-Cristo pardonne à Danglars.	☐	☐
9	Valentine de Morcerf a disparu à jamais.	☐	☐
10	« Attendre et espérer » est la devise du comte de Monte-Cristo.	☐	☐

2 Lisez attentivement le chapitre, puis répondez aux questions.

1 Qui sont les deux amis que Monte-Cristo porte dans son cœur ?
   ....
2 Qui a demandé à Luigi Vampa d'enlever Danglars ?
   ....
3 Qui Maximilien retrouve-t-il sur l'île de Monte-Cristo ?
   ....
4 Qui attend à Livourne ?
   ....

ACTIVITÉS

Enrichissez votre vocabulaire

3 Associez chaque mot à l'image correspondante.

a   des catacombes
b   un palais des *Mille et Une Nuits*
c   l'avenue des Champs-Élysées
d   Rome
e   Paris
f   Marseille

ACTIVITÉS

4 Complétez les mots croisés grâce aux définitions.

1. Homme malhonnête.
2. Mince couche d'or pour décorer.
3. Document que l'on signe pour payer.
4. Qui a remporté la victoire.
5. Sculpture représentant une personne.
6. Avoir de la haine pour quelqu'un.
7. Canapé confortable.
8. Sans pitié, inhumain.
9. Petit d'une poule.

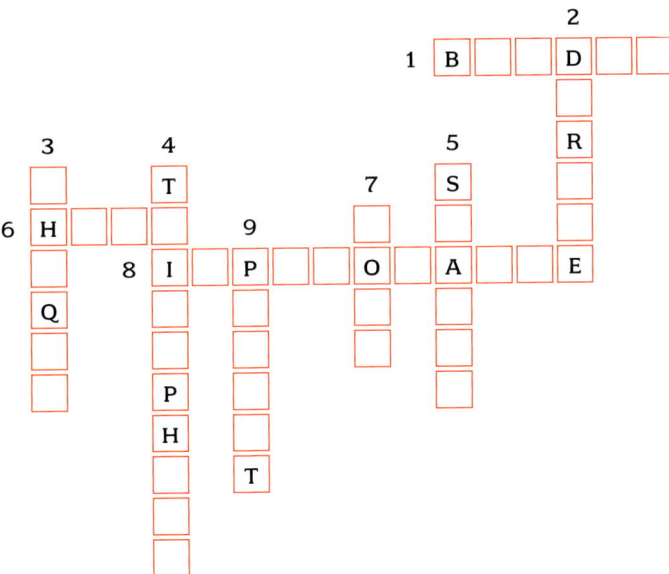

ACTIVITÉS

Production écrite et orale

5 **DELF** À l'oral. « La vengeance est un plat qui se mange froid » est un proverbe populaire. Expliquez-le et dites en quoi il peut correspondre avec l'histoire d'Edmond Dantès.

6 **DELF** À l'écrit. Imaginez l'avenir de Monte-Cristo et Haydée (160-180 mots).

Île d'Elbe.

L'île de Montecristo et l'archipel toscan

Un parc national à sept étoiles

L'archipel toscan comprend les sept îles de la mer Tyrrhénienne, comprises entre la côte orientale de la Corse et la côte de l'Italie qui s'étend de Livourne jusqu'à Grosseto. Ces îles, toutes italiennes, sont : Capraia, Elbe, Giannutri, Giglio, Gorgone, Montecristo et Pianosa. L'archipel comprend aussi quelques rochers de moindres importances comme ceux que l'on appelle les « Fourmis de Grosseto ». Gorgone est la plus petite des îles avec seulement 2,23 km². L'île d'Elbe est la plus grande avec 223, 5 km². Les paysages varient d'une île à l'autre : Elbe est montagneuse et ses côtes sont très découpées tandis que Pianosa est entièrement plate. La variété de ces reliefs est une conséquence directe des différentes origines volcaniques de chaque île.

Créé en 1996, le Parc national de l'archipel toscan est le plus grand parc marin d'Europe, et depuis 2003, l'Unesco l'a intégré à son réseau

Île de Capraia.

mondial des réserves de biosphère. Le parc possède une surface totale de 746 km², dont 567 km² de mer et 179 km² de terre. Les oiseaux sont les principaux représentants de la faune terrestre tels le Goéland leucophée, le Goéland d'Audouin ou encore le Cormoran huppé, sans compter les nombreuses espèces d'oiseaux migrateurs. La mer abrite des poissons comme le mérou brun ou le poisson lune, une espèce très rare. On y trouve aussi différentes espèces de dauphins, et les plus chanceux pourront apercevoir un cachalot ou un rorqual, l'un des plus grands mammifères marins.

Ce vaste territoire ne compte que 32 000 habitants durant toute l'année, mais pendant les vacances d'été, la population augmente considérablement jusqu'à atteindre le chiffre de 200 000 personnes, principalement sur l'île d'Elbe. Pourtant certaines îles restent protégées du tourisme.

Montecristo, la sauvage

D'une superficie de 10 km², et présentant 16 km de côtes, l'île de Montecristo est la plus isolée des îles de l'archipel toscan. C'est aussi la plus sauvage et la plus inaccessible. Seule une crique, la *Cala Maestra*, permet de l'aborder. Mais, décrétée réserve nationale intégrale, Montecristo n'accueille pas plus de 1 000 visiteurs par an, lors d'excursions qui ne durent qu'une journée. La baignade y est interdite, tout comme la navigation dans un rayon d'un kilomètre depuis sa côte. Cependant, un couple de gardiens y réside à l'année. Ils entretiennent un jardin botanique datant du XIXe siècle et prennent soin du Musée de sciences naturelles. Ils ne sont jamais vraiment seuls car deux gardes forestiers viennent régulièrement pour des missions de quinze jours. Il n'y a que deux sentiers qui permettent de s'aventurer à travers la nature sauvage et les pointes rocheuses de l'île. Le premier mène aux ruines du monastère de San Mamiliano, après une heure de marche. Les plus anciennes parties de l'édifice datent du VIIe siècle, les plus récentes sont gothiques et datent du XVIe siècle, époque où les moines ont définitivement abandonné l'île trop fréquemment attaquée par les pirates. Le second sentier mène jusqu'au sommet d'une falaise de granit qui plonge dans la mer. De là, on peut observer la crique de *Cala Santa Maria* au fond de laquelle reposent les vestiges d'embarcations romaines englouties par la tempête.

Chèvres sauvages sur l'île de Montecristo.

La promesse d'Alexandre Dumas

En 1842, Alexandre Dumas accompagne le prince Napoléon, neveu de l'empereur Napoléon 1er, en voyage à l'île d'Elbe. Les deux hommes décident ensuite de faire une partie de chasse. Ils se rendent d'abord sur l'île de Pianosa pour y chasser le faisan. Le lendemain, on leur propose d'aller chasser la chèvre sauvage sur l'île de Montecristo. Mais au moment d'aborder sur l'île, un marin leur signale que toute personne qui mettra un pied sur cette île déserte devra subir cinq ou six jours de quarantaine de retour sur le continent. Du coup les chasseurs renoncent à descendre de bateau. Dumas propose alors de faire le tour de l'île dans leur embarcation.

– Mais à quoi cela nous servirait-il ? demande le prince.

– À donner, en mémoire de ce voyage que j'ai l'honneur d'accomplir avec vous, le titre de l'île de Monte-Cristo à quelque roman que j'écrirai plus tard, répond Dumas.

Cette promesse, l'écrivain la tiendra deux ans plus tard et le roman aura le succès que l'on connaît.

1 Lisez le dossier, puis indiquez si les affirmations sont vraies (V) ou fausses (F).

		V	F
1	Gorgone est la plus grande des îles de l'archipel toscan.	☐	☐
2	L'île d'Elbe est montagneuse.	☐	☐
3	Le rorqual est un petit mammifère.	☐	☐
4	Les excursions sur l'île de Montecristo ne durent qu'une journée.	☐	☐
5	L'île de Montecristo est inhabitée.	☐	☐
6	Le monastère de San Mamiliano a été abandonné à cause des pirates.	☐	☐
7	Le prince Napoléon est le neveu de Napoléon 1er.	☐	☐
8	Alexandre Dumas s'est promené sur l'île de Montecristo.	☐	☐

Cinéma

Monte-Cristo sur grand écran

Le septième art s'est très vite emparé du *Comte de Monte-Cristo*. On compte aujourd'hui plus d'une quarantaine d'adaptations. C'est l'œuvre littéraire la plus exploitée au cinéma. On doit la première version cinématographique du roman de Dumas à l'acteur et réalisateur américain Francis Boggs. Elle date de 1908. Pour les besoins du tournage, le réalisateur a fait installer pour la première fois un petit studio à Hollywood, une zone un peu perdue à la sortie de Los Angeles et dont les paysages conviennent parfaitement à son histoire… Pour Hollywood, vous connaissez la suite ? Ainsi, on peut affirmer qu'Alexandre Dumas est un peu à l'origine de la naissance de ce lieu magique connu partout à travers le monde. Notons aussi que l'écrivain

Gérard Depardieu dans *Le Comte de Monte-Cristo* de Josée Dayan (1998).

Umberto Eco, dans son livre *De Superman au surhomme*, désigne le personnage du comte de Monte-Cristo comme l'ancêtre de Batman ! La première adaptation française date de 1915-1917, on la doit au réalisateur de films muets Henri Pouctal qui a choisi d'en tirer 6 épisodes. Le film de Robert Vernay, datant de 1953, est surtout connu pour l'interprétation d'Edmond Dantès par le grand Jean Marais. En 1961, le réalisateur Claude Autant-Lara réinterprète l'œuvre originale : il fait apparaître Monte-Cristo plus comme un justicier que comme un vengeur et il modifie même la fin du roman. La télévision aussi aime *Monte-Cristo* : en 1998, Josée Dayan donne à Edmond Dantès les traits de Gérard Depardieu et à Mercédès, ceux d'Ornella Muti. En 2002, pour *La vengeance de Monte Cristo*, film réalisé par Kevin Reynolds, l'acteur américain Jim Caviezel refuse de voir tous les autres films adaptés de l'œuvre de Dumas : afin d'interpréter au mieux le rôle d'Edmond Dantès, il relit de nombreuses fois le roman et étudie pendant des mois des livres d'histoire sur l'époque napoléonienne. On remarque qu'à chaque fois, les réalisateurs prennent de nombreuses libertés avec l'œuvre originale de Dumas. Mais, il faut se souvenir que le roman fait plus de 1 600 pages !

Cinéma

Jim Caviezel est Monte-Cristo dans *La vengeance de Monte-Cristo* de Kevin Reynolds (2002).

Cependant, cela n'aurait certainement pas troublé l'écrivain qui lorsqu'il adaptait ses romans au théâtre était le premier à en modifier l'histoire. Avec ses nombreux rebondissements, son suspens, ses thèmes dignes des plus grands films noirs ou policiers (l'évasion, la vengeance, les empoisonnements) et son personnage principal aux mille visages, *Le Comte de Monte-Cristo* n'a pas fini d'être adapté. Les scénaristes des meilleures séries l'ont certainement choisi comme livre de chevet.

1 DELF *Lisez attentivement le dossier, puis indiquez si les affirmations sont vraies (V) ou fausses (F).*

		V	F
1	La première adaptation de Monte-Cristo au cinéma est française.	☐	☐
2	Hollywood existe en partie grâce à Dumas.	☐	☐
3	Pour Umberto Eco, le comte de Monte-Cristo est un super-héros.	☐	☐
4	Jean Marais joue le rôle de Monte-Cristo en 1953.	☐	☐
5	Kevin Reynolds joue le rôle d'Edmond Dantès en 2002.	☐	☐
6	Les réalisateurs respectent à chaque fois l'œuvre originale, au mot près.	☐	☐
7	Le roman original fait 1 900 pages.	☐	☐
8	*Le Comte de Monte-Cristo* est comme un film policier.	☐	☐

TEST FINAL

1 Remettez les dessins dans l'ordre chronologique de l'histoire, puis décrivez-les à l'aide d'une phrase.

TEST FINAL

 J
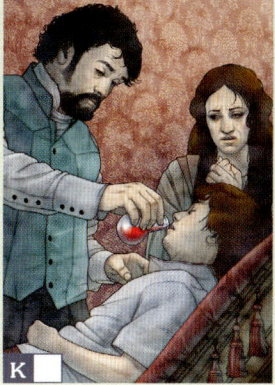 K
 L

2 Complétez les phrases avec les verbes proposés que vous aurez conjugué au présent de l'indicatif.

> errer   s'exiler   condamner   se venger   se grimer   enseigner
> frémir   se suicider   se résoudre   dénoncer

1 Fernand .... Edmond Dantès en envoyant une lettre anonyme.
2 Le vice-procureur Villefort .... un innocent.
3 L'abbé Faria .... tout son savoir à Edmond.
4 Edmond Dantès .... sous les traits de l'abbé Busoni.
5 Mme de Morcerf .... quand elle reconnaît Edmond Dantès.
6 Monte-Cristo .... des personnes qui lui ont fait du mal.
7 Monte-Cristo .... à pardonner Danglars.
8 Fernand alias comte de Morcerf ....
9 Fou de douleur, Villefort .... dans sa maison.
10 Monte-Cristo .... avec Haydée.

TEST FINAL

3 Cochez la ou les affirmation(s) correcte(s) pour chaque personnage.

1. Edmond Dantès
   - a ☐ Il est bon avec ceux qui ont été bons pour lui.
   - b ☐ Il épouse Valentine de Villefort.
   - c ☐ Il se retire du monde avec Haydée.
   - d ☐ Il est enfermé au château d'If pendant quatorze années.
   - e ☐ Il tue le fils de Mercédès.

2. Mercédès
   - a ☐ Elle quitte Paris en abandonnant son fils et son mari.
   - b ☐ Elle se réfugie à Marseille.
   - c ☐ Elle épouse Edmond Dantès.
   - d ☐ Elle implore Monte-Cristo d'épargner son mari.
   - e ☐ Elle reconnaît tout de suite Edmond sous les traits de Monte-Cristo.

3. Le procureur Villefort
   - a ☐ Il est ambitieux.
   - b ☐ C'est un farouche bonapartiste.
   - c ☐ Il finit fou.
   - d ☐ Sa femme tue son fils avant de se suicider.
   - e ☐ Il ignore où Edmond Dantès est enfermé.

4. Fernand Mondego
   - a ☐ C'est un officier très fidèle à tous ceux qu'il sert.
   - b ☐ Il est le meilleur ami de Monte-Cristo.
   - c ☐ Il se suicide.
   - d ☐ Il est marié à Mercédès.
   - e ☐ Il dénonce Edmond Dantès.

TEST FINAL

5 Danglars
- a ☐ Il est assassiné par Caderousse.
- b ☐ Il a fait fortune en Espagne.
- c ☐ C'est un banquier très honnête.
- d ☐ Il rédige la lettre de dénonciation.
- e ☐ Il part en Italie avec sa femme.

6 Caderousse
- a ☐ Il a fait fortune.
- b ☐ Monte-Cristo lui pardonne et lui offre de l'argent pour sa retraite.
- c ☐ Il s'est évadé avec Benedetto.
- d ☐ Il tient une auberge dans le midi.
- e ☐ Benedetto l'assassine.

4 **DELF** Répondez aux questions. Attention à celles sans réponse dans le texte et auxquelles vous répondrez par « on ne sait pas ».

1. En quelle année commence l'histoire ?
2. En quelle année finit-elle ?
3. Qui sont les quatre personnes dont Edmond se venge ?
4. Qui sont les vrais parents de Benedetto ?
5. Comment s'appelle le yacht génois de Monte-Cristo ?
6. Qui se marie avec Valentine ?
7. Listez tous les personnages qui meurent dans le roman.
8. Vers quel pays s'en vont Edmond et Haydée ?

Les structures grammaticales employées dans les lectures graduées sont adaptées à chaque niveau de difficulté. Tu peux trouver sur notre site Internet, blackcat-cideb.com, la liste complète des structures utilisées dans la collection.

L'objectif est de permettre au lecteur une approche progressive de la langue étrangère, un maniement plus sûr du lexique et des structures grâce à une lecture guidée et à des exercices qui reprennent les points de grammaire essentiels.

Cette collection de lectures se base sur des standards lexicaux et grammaticaux reconnus au niveau international.

Niveau Trois B1

Les pronoms personnels groupés
Les pronoms relatifs simples (*où/dont*) et composés
La mise en relief
Le discours indirect au passé
La forme passive
Le passé simple, le plus-que-parfait, le futur antérieur
Le conditionnel présent et passé

Le subjonctif (identification)
Le passé récent
L'infinitif
Le gérondif
L'accord du participe passé (particularités)
La concordance des temps
Les phrases hypothétiques complexes

Niveau Trois
Si tu as aimé cette lecture, tu peux essayer aussi...

- *Notre-Dame de Paris*, de Victor Hugo
- *La Chartreuse de Parme*, de Stendhal
- *Candide*, de Voltaire

Niveau Quatre
...ou tu peux choisir un titre du niveau suivant !

- *Double assassinat dans la Rue Morgue et La lettre volée*, de Edgar Allan Poe
- *Le Mystère de la Chambre Jaune*, de Gaston Leroux
- *Vengeance à La Réunion*, de Nicolas Gerrier